乐游全球·迷你版

自由行 07

中欧5国
CENTRAL EUROPE

实业之日本社海外版编辑部 编著

吴媛媛 张亚林 译

北京·旅游教育出版社

乐游全球・迷你版　自由行 07

中欧5国
Central Europe

目　录

旅行基本信息 4
MAP 欧洲中部 6

特辑 Special Selection
寻访古都城 8
聆听美妙乐声 10
品尝各种乡土美食 12
体验欧洲传统咖啡文化 14
尽享飘香美酒 15
了解中欧5国 16

维也纳
WIEN
城市概览 18
观光亮点 19
市内交通 20
MAP 维也纳市区交通 22
MAP 维也纳 24
MAP 维也纳中心地区 26
MAP 霍夫堡宫周边 28
观光
　圣斯蒂芬广场周边 30
　霍夫堡宫 32
　环城大道周边 35
　环城大道外侧 38
　维也纳森林 42
美食…44　　**购物**…48　　**住宿**…50
维也纳导览NAVI 21
青年形态艺术 37
维也纳音乐之都的风采 40
维也纳森林新酒酒庄 43
瓦豪河谷 52

萨尔茨堡
SALZBURG
城市概览 / 观光亮点 / 市内交通 54
MAP 萨尔茨堡 55
观光
　老城区和新城区 56
　萨尔茨卡默古特地区 59
美食…60　　**购物 / 住宿**…61

布拉格
PRAHA
城市概览 62
观光亮点 63
市内交通 64
MAP 布拉格市中心 66
MAP 布拉格老城区 68
观光
　老城区 70
　查理大桥周边 72
　布拉格城堡区 74
　犹太人街区和新城区 76
美食…78　　**购物**…81　　**住宿**…83
布拉格导览NAVI 65

捷克的音乐家&艺术··················77
布拉格周边1日游··················85

捷克克鲁姆洛夫
CESKÝ KRUMLOV

城市概览 / 观光亮点··················86
观光 / 美食 / 住宿··················87

布拉迪斯拉发
BRATISLAVA

城市概览 / 观光亮点··················88
市内交通··················89
观光···89　　　　　美食 / 住宿···91

布达佩斯
BUDAPEST

历史概况··················92
观光亮点··················93
市内交通··················94
MAP 布达佩斯··················96
MAP 布达佩斯市中心··················98
观光
　布达··················100
　佩斯··················103
美食···107　购物···110　住宿···111
　杜纳卡尼亚··················112
布达佩斯导览NAVI··················95
匈牙利的音乐家＆艺术··················106

柏林
BERLIN

城市概览··················114
观光亮点··················115
市内交通··················116
MAP 柏林/动物园车站周边··················118
MAP 柏林/菩提树下大街周边··················120
观光··················122
美食···125　　　　购物 / 住宿···126
柏林导览NAVI··················117
柏林的艺术··················124
柏林周边1日游··················127

迈森
MEISSEN

城市概览 / 观光亮点··················128
观光···128　　　　　　美食···129

德累斯顿
DRESDEN

城市概览··················130
观光亮点··················131
观光···131　　　　美食 / 住宿···133

慕尼黑
MÜNCHEN

城市概览··················134
观光亮点··················135
观光···135　　　　美食 / 住宿···136

旅行信息
Travel Information

◆ 确定出发日程··················138
◆ 收集旅行信息··················140
◆ 旅行必需品··················141
◆ 携带物品··················142
◆ 货币兑换··················143
◆ 入境指南··················144
◆ 中欧4国国内交通··················145
◆ 中欧4国之间的交通··················146
◆ 奥地利实用信息··················147
◆ 捷克实用信息··················149
◆ 匈牙利实用信息··················150
◆ 德国实用信息··················151
◆ 旅行安全管理··················152
◆ 旅行健康管理··················153
◆ 旅行会话··················154

索引··················156

◆旅行基本信息◆

奥地利
奥地利共和国
Republik Österreich
首都
维也纳　Wien
面积
83 878平方千米
人口　约870万人
语言
公用语为德语。在第一次世界大战之后，大部分国民将德语当作母语使用。一部分少数民族则用各自的语言开展教育活动。
宗教
奥地利全国61.4%的民众为天主教教徒，5%为基督新教教徒，另外还有伊斯兰教、希腊正教、犹太教等教徒。
从中国出发的航班时间
北京➡维也纳：10小时左右
维也纳➡北京：9小时左右
时差
北京时间减去7个小时。然而，3月份最后一个周日到10月份最后一个周六的夏令时，减去6个小时。
电压
电压为230v，插座一般为圆形两孔。
卫生间
主要车站、地铁站、旅游景点都设有卫生间。公共厕所和咖啡馆里的厕所通常收费，或者给管理人员小费（0.3~0.5欧元）。
饮用水
自来水可直接饮用，但水中石灰含量较高。瓶装矿泉水通常含有碳酸。

捷克
捷克共和国
Česká republika
首都
布拉格　Praha
面积
78 866平方千米
人口　约1057万人
语言
公用语为捷克语。捷克语曾经被叫作"波希米亚语"，属于西斯拉夫语支。
宗教
天主教教徒占人口的26%以上，此外还有基督新教教徒、希腊正教教徒等。无信仰人数约占58%。
从中国出发的航班时间
北京➡布拉格：10.5小时左右
布拉格➡北京：9.5小时左右
时差
北京时间减去7个小时，夏令时减去6个小时。
电压
电压为230v，插座一般为圆形两孔。
卫生间
主要车站、地铁站、旅游景点都设有卫生间。公共厕所一般收费，餐厅厕所多数免费。
饮用水
自来水可直接饮用，但人们一般饮用瓶装矿泉水，水中通常都含有碳酸；不含碳酸的称为"斯蒂尔"。

斯洛伐克
斯洛伐克共和国
Slovenská republika

首都
布拉迪斯拉发　Bratislava
面积
49 037平方千米
人口　约543万人
民族
主要民族为斯洛伐克族，基本占人口总数的85.8%，匈牙利族占7.9%，罗姆（吉卜赛）人占1.7%，其余为乌克兰族、日耳曼族、波兰族和俄罗斯族。匈牙利族多聚居在斯洛伐克与匈牙利的边境处，吉卜赛人多居住在斯洛伐克的东部。

语言
公用语为斯洛伐克语。属于西斯拉夫语支,同捷克语相近,两种语言的使用者基本可以进行无障碍交流。主要外语为英语、德语和俄语。主要少数民族语言为匈牙利语。
宗教
68.9%的居民信奉罗马天主教,6.9%的居民信奉斯洛伐克福音教,少数居民信奉东正教。
从中国出发的航班时间
北京➡布拉迪斯拉发:因没有直达航班,需要中转到达M.R.斯特法尼科机场,所以需一天左右的时间。
时差
北京时间减去7个小时,夏令时减去6个小时。
电压
电压为230V、50Hz,从中国直接带过去的插座不能直接用,建议选用欧标/德标旅行插头插座转换器。
卫生间
主要景点、博物馆、车站、饭店等都设有卫生间,不过有些是收费的,这点要注意。
饮用水
自来水可直接饮用,但人们一般饮用瓶装矿泉水,水中通常都含有碳酸。

匈牙利
匈牙利共和国

Magyarország
首都
布达佩斯　Budapest
面积
93 030平方千米
人口　约990万人
语言
公用语为匈牙利语。匈牙利语属于乌戈尔语支,与其他欧洲诸国的语言大不相同。
宗教
天主教教徒约占人数的53%,基督新教教徒约16%,此外还有一些犹太教教徒。
从北京出发的航班时间
北京➡布达佩斯:在德国慕尼黑中转,13.5小时左右

布达佩斯➡北京:10小时左右
时差
北京时间减去7个小时,夏令时减去6个小时。
电压
电压为230v,插座一般为圆形两孔。
卫生间
公共厕所一般收费,投币式公共卫生间较为常见。
饮用水
自来水可直接饮用,瓶装矿泉水有含碳酸和不含碳酸两种。

德国
德意志联邦共和国

Bundesrepublik Deutschland
首都
柏林　Berlin
面积
357 376平方千米
人口　约8220万人
语言
公用语为德语。
宗教
多数人信奉基督教,天主教教徒约占31%,基督新教教徒则约30%。
从北京出发的航班时间
北京➡柏林:10小时左右

柏林➡北京:9小时左右
时差
北京时间减去7个小时,夏令时减去6个小时。
电压
电压为230v,插座一般为圆形两孔。
卫生间
主要车站、地铁站、旅游景点都设有卫生间。公共厕所一般收费,餐厅厕所多数免费。
饮用水
自来水可直接饮用,瓶装矿泉水有含碳酸和不含碳酸两种。

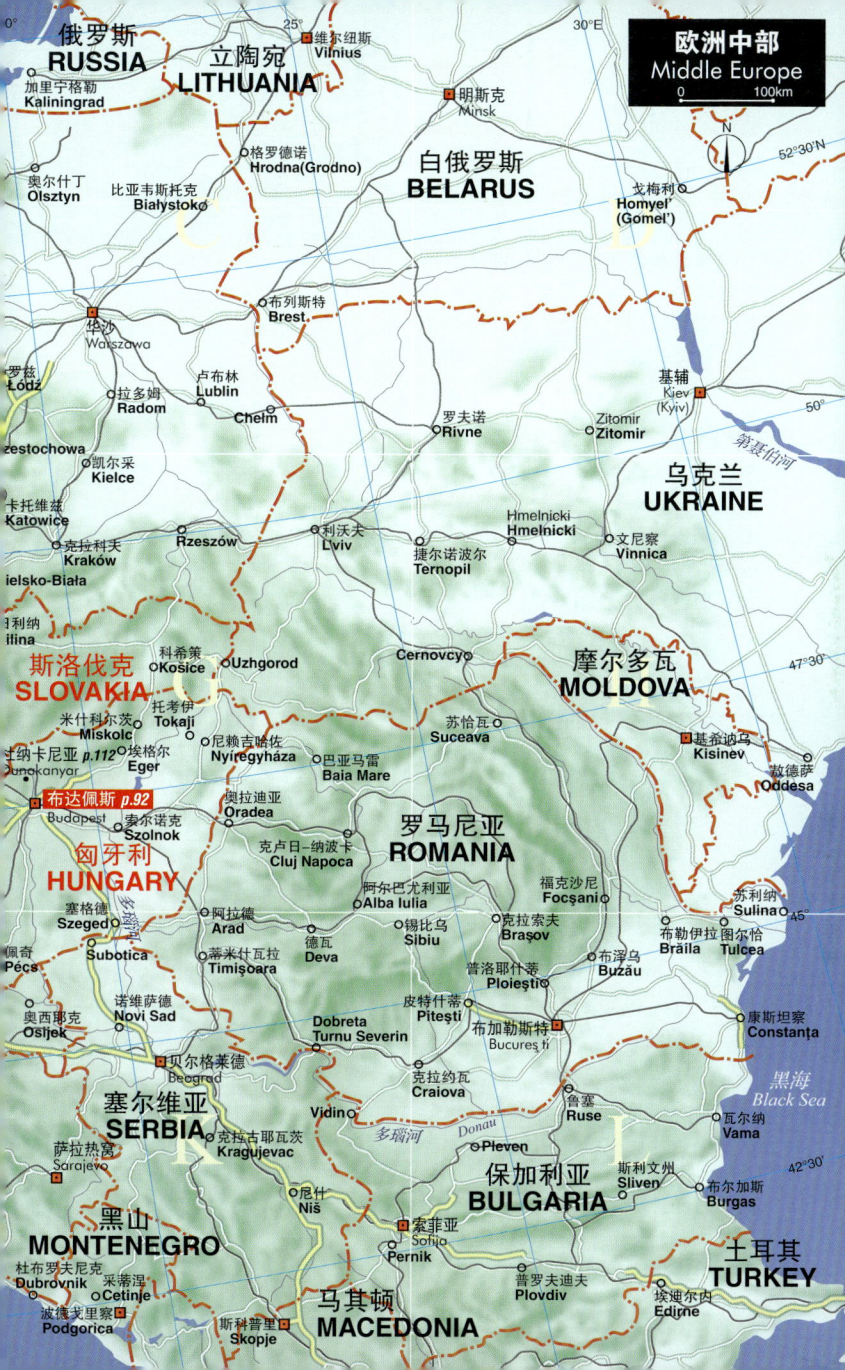

特辑 Special Selection

感受浓郁的中世纪色彩
寻访古都城

中欧之旅的乐趣之一,便是寻访全欧闻名的中世纪古都。这当中不乏受到保护的世界遗产,还有着许多历经历史岁月如今却魅力不减的传奇建筑。

从老城区市政大楼眺望布拉格老城区

宏伟建筑与胡同小巷完美融合
维也纳 Wien

曾经的城墙围绕起来的一片区域就是老城区。13世纪建造的要塞,历经多次改建,与16世纪、17世纪、18世纪的建筑物和谐地矗立在一起。皇宫、哥特式建筑圣斯蒂芬大教堂、歌剧院、美术博物馆、国会、市政府等,这些不同时期、不同风格的建筑林立在环城大道旁,历经岁月沧桑依然绽放着自己的精彩。此外,圣斯芬广场北侧有着小碎石铺着的小路和许多有趣的古老馆舍,展示出维也纳古老又活泼的一面。

波希米亚王国的首都
布拉格 Praha

布拉格坐落在悠悠流淌的伏尔塔瓦河两岸,布拉格城堡雄踞在河左岸,河右岸则分布着以老城区广场为中心的老城区。布拉格素有"千塔之城""千年都市"的美名,位于要所的广场和蜿蜒的小径旁分布着哥特式和文艺复兴式的建筑物。这座免于战火摧残的美丽城市,被誉为欧洲首屈一指的古都,宛如一座博物馆,诉说着悠久的历史。

残留着匈牙利王国的印迹
布拉迪斯拉发 Bratislava

斯洛伐克共和国的首都布拉迪斯拉发在16~18世纪处于匈牙利的支配之下,当时是匈牙利王国的首都。曾经被城墙包围的老城区,以中央广场为中心,林立着诸多哥特式及巴洛克式的建筑物,向游人展示着美丽的身姿。

在克恩滕大街上能看见旧皇宫

位于老城区中心的中央广场

被称为"北罗马"的美丽都市
萨尔茨堡 Salzburg

以萨尔察赫河为界,萨尔茨堡分为老城区和新城区。作为中世纪城塞都市,萨尔茨堡位于山麓之处的老城区仍保留着主教宫、大教堂、圣彼得教堂、节庆大剧院等历史感浓郁的建筑。

分布在萨尔茨堡山麓之处的老城区

"多瑙河的珍珠"
布达佩斯 Budapest

分布在多瑙河两岸的布达佩斯城，有着庄严的皇宫、华丽的国会议事厅等旅游亮点，还有锁链桥、"多瑙河的珍珠""多瑙河的玫瑰""多瑙河的女王"等极受称赞的景观。这些美景中，布达王宫尤其值得一提。布达王宫自13世纪在位于多瑙河右岸的布达的小高丘上建成以来，15世纪被改建成文艺复兴式，20世纪又以新古典样式的风貌呈现，刻印着波澜万丈的历史。如今，王宫所在的城堡山区域仍保留完整，被城墙包围，作为历史地区被收录进世界文化遗产中。

上图 世界文化遗产布达城堡区中仍残留着古老的房屋

左图 小巷中的景色十分美丽

右图 布达佩斯守护神像，位于老市政大楼的一角

"易北河畔的佛罗伦萨"
德累斯顿 Dresden

德累斯顿是作为萨克森王国的首都繁荣起来的德国第一古都。虽然在第二次世界大战中城市遭到了破坏，但经过修复和重建，如今已恢复了曾经的模样。老城区位于易北河的左岸，有18世纪萨克森巴洛克式建筑的杰作——茨温格宫，有德累斯顿城的象征——圣母教堂等，这些壮丽的建筑物，向游人展示着城市优雅独特的魅力。

德累斯顿的茨温格宫如今仍传递着萨克森王国曾经的繁荣气息

排列着巴洛克式建筑的新集市广场

集市广场

连接新城市广场和城区的石子路。摄于迈森

勾起旅愁的风情城市
迈森 Meissen

迈森位于易北河的左岸，曾经的阿尔布雷希特堡诸侯城邑就是如今的老城区。以圣母教堂、市政府所在的集市广场为中心，分布着像油画一样美丽的街道。沿着广场周边连接广场与城区的石子路散步是个不错的选择。登上坡道和台阶向下看，古老的房屋建筑一览无余。免于战火的美丽城市有着独特的风情。

特辑 Special Selection

造访歌剧院、音乐厅
聆听美妙乐声

中欧的各大都市中，维也纳、萨尔茨堡、布拉格、布达佩斯、柏林等作为古典音乐之都享有极高的盛名，拥有着世界闻名的管弦乐队、歌剧院和音乐演奏厅。

音乐协会金色大厅内经常举办社交舞会

维也纳国家歌剧院
Wiener Staatsoper

新文艺复兴样式的华丽建筑物维也纳国家歌剧院坐落在环城大道上，为环城大道增添了不少色彩。歌剧院的历代音乐指挥先后由古斯塔夫·马勒、卡尔·伯姆、赫伯特·冯·卡拉扬、克劳迪奥·阿巴多等国际音乐巨匠担任；2002年秋季至2010年8月由小泽征尔担任。

正对着环城大道建造的歌剧院——维也纳国家歌剧院

维也纳音乐协会金色大厅
Musikverein

金色大厅是维也纳爱乐乐团于1870年成立时的根据地，作为新年演奏会的会场为世人熟知；另设小厅布拉姆斯厅。

音乐协会大厅在黄金周会成为维也纳舞踏会的会场

艺术节剧院
Festspielhaus

艺术节剧院位于萨尔茨堡的老城区内，是1607年作为大主教的马棚修建起来的细长状建筑物，与大剧院、大厅、莫扎特剧院等演奏厅建筑物相邻排列，是萨尔茨堡音乐节的主会场。

细长的建筑物中有着诸多的演奏厅

布拉格国家歌剧院
Státní opera Praha

布拉格国家歌剧院是位于布拉格中央广场附近的专业歌剧院。19世纪末期因歌剧院是德系贵族建造而得名"德国剧院"，第二次世界大战后又被叫作"斯美塔那歌剧院"。歌剧院的历代指挥有古斯塔夫·马勒、布鲁诺·瓦尔特、乔治·赛尔等世界名家。

布拉格国家歌剧院外观虽朴素，观众席的金碧辉煌却可与维也纳的歌剧院相媲美

柏林国家歌剧院
Staatsoper Unter den Linden

柏林国家歌剧院是德国三大歌剧院之一，在希腊雅典风格的外观下，洛可可风格的装潢，巨大的圆形大厅样式不但显得非常豪华，而且十分气派，被誉为欧洲著名歌剧院。

▲雄踞柏林市中心的国家歌剧院

森帕歌剧院
Semper Oper

森帕歌剧院位于德累斯顿，被誉为最美的歌剧院。作为欧洲其中一间拥有名气的歌剧院，森帕歌剧院于1841年由建筑师戈特弗里德·森帕（Gottfried Semper）主持修建。1843—1849年期间，由瓦格纳指挥并首先演出。著名的《漂泊的荷兰人》歌剧在这里于1843年首演了《漂泊的荷兰人》歌剧，在这里于1843年5月与6月初公演。森帕歌剧院是在今天约翰广场的广场为席，而被誉为"德累斯顿最美丽"的名为。

▲德累斯顿最著名的建筑——森帕歌剧院

布达佩斯国家歌剧院
Magyar Állami Operaház

布达佩斯国家歌剧院位于布达佩斯的市中心，与安德拉什大街北面相邻。虽然建筑规模比不上维也纳的歌剧院，但是它是被认为多瑙河欧洲剧院中可以算得上是较为豪华的，整整个歌剧院欣赏到了，这里面不仅可以观看歌剧表演，也能欣赏芭蕾舞专题的公演。此外，布达佩斯国家歌剧院还是布达佩斯歌剧舞台大厅，成为演出公开演奏音乐会，上演各种丰富的曲目。

▲ 新古典样式的布达佩斯国家歌剧院建筑物

▲ 建筑华丽气派的布达佩斯国家歌剧院二楼的楼梯间

市民会馆——斯美塔那音乐厅
Obecní dům-Smetana

斯美塔那音乐剧院在于1911年修建的，新艺术派建筑风格的代表作之一，是布拉格市民会馆的一层。作为布拉格当年季国际音乐节的主要会场，以斯美塔那最著名的《我们的祖国》为演出开幕剧目；那歌剧院也是布拉格交响乐团的固定演出地。

▲位于布拉格市中心的斯美塔那音乐剧院

特辑 Special Selection

旅行的味觉享受
品尝各种乡土美食

维也纳菜、捷克菜虽与德国菜大致相同，却是由哈布斯堡帝国时代的宫廷菜肴与邻近诸国的料理互相融合形成的传统菜系。匈牙利菜则以多用红辣椒为特点。德国菜根据地方差异有着各自的特点，尤其是香肠根据地域的不同在味道、种类上分类十分丰富。让我们一起尽享这片土地上的美味吧。

高档餐厅提供一流服务

维也纳料理

以德国菜为基调，与邻近各国的菜肴和土耳其军队带来的饮食文化相互交融，有着各种各样的菜式。纯粹的维也纳菜中有一道菜叫"清炖牛肉"（Tafelspitz），以牛肉为主要原材料，价格稍显昂贵，与维也纳炸肉排(Wiener Schnitzel)一道成为维也纳具有代表性的菜肴。

将牛肉从汤中捞起，浇上酱汁后享用

牛肉高汤制作而成的清汤也十分美味

维也纳炸肉排
Wiener Schnitzel

"Schnitzel"为"炸肉排"之意。这道菜最初采用的是嫩牛肉，如今有的店也用猪肉进行烹制，将肉捶打成薄片后进行制作，食量并没有看上去那么大。此外，还有用鸡肉或者火鸡肉制作成的炸肉排。

清炖牛肉 Tafelspitz

这道菜因受到弗朗茨·约瑟夫皇帝的喜爱，十分有名。牛肉块经过长时间的水煮之后切成薄片，配以土豆或者菠菜泥，再蘸上用一种叫"Apfelkren"的苹果和山葵制作而成的酱汁食用。有的饭店也用西洋芥末来进行调汁。

清炖牛肉这道菜有时候也会和高汤一起装盘

捷克料理

捷克料理虽基本与德国菜无异，却带着淡淡的酸甜，口味略浓。料理多以猪肉、牛肉、鸭肉为主要材料，煮熟后进行烤制，配以各类蔬菜，和用小麦粉精制而成的水饺"knedliky"一起食用。

烤鸭 Kachna

用家鸭或野鸭烤制而成。多以薄肉片的形式出现，也有带骨肉的形式。

烤猪肉
Knedrovep ozelo

猪肉配以酸白菜和水饺"knedliky"一起食用。猪肉可以用油炒也可进行烤制。这道菜的名称前经常冠以各家店铺的名字。

特辑

匈牙利料理

匈牙利菜肴多用红辣椒烹制调味，没有欧洲菜肴特有的重油、重口味，比较符合东方人的口味。用肉和鱼进行煮制或者油炸的菜比较多见，也有各式各样的汤菜。价廉味美是匈牙利菜的魅力之一。

肉馅白菜卷
Töltött káposzta

辛辣口味的白菜卷，将酸白菜一起放入进行烹制，风味独特。

鹅肝　Ribamáj

匈牙利盛行养鹅，所以在匈牙利可以吃到优质的鹅肝，而且价格低廉，可尽情品尝。煎炒鹅肝或者前菜鹅肝都不妨一试。

甜辣椒鸡
Csirke paprikás

将鸡肉用黄油、红辣椒过火炒制而成的麻辣鸡肉。将鸡胸肉、鸡腿肉切成块煎炒，或者将鸡肉切成细丝进行烹炒。

煎饼小吃　Palacsinta

煎饼小吃是匈牙利独有的小吃，与可丽饼很相似。这类小吃有含果酱、巧克力等的甜点，也有用鸡肉辣椒煮熟后浇汁可以作为主食食用的小吃。

德国料理

德国料理主菜多以肉为主要材料。多为烤肉、烤全鸡等大分量的菜肴。在遵循"大师制度"的德国，厨师制作出的香肠、火腿绝对美味。德国各种应季菜肴十分丰富，春季有白芦笋，秋季有蘑菇。

德式烤猪肘
Schweinshaxe

用猪肘长时间精心烹制而成的一道菜，一般配以土豆或酸白菜。

香肠　Wurst

纽伦堡生产的细长烤肠"Nürnberg bratwurst"、慕尼黑产的白香肠"Weisswurst"等，种类丰富。

匈牙利炖牛肉和德国炖牛肉

在德语国家和捷克，传统菜肴炖牛肉指的是炖制的牛肉"beef stew"；而在匈牙利，炖牛肉这道菜虽然继承了一定的传统，但指的却是红辣椒味的清汤牛肉。

炖牛肉（捷克）　Guláš

不是汤菜，作为主食食用。制作过程中不用红辣椒，配以水饺"knedliky"一起食用。

炖牛肉（匈牙利）　Gulyás

主菜之前的汤。以牛肉清汤、辣椒粉为主，再加入足量的牛肉和蔬菜。

炖牛肉（维也纳）　Gulasch

维也纳的炖牛肉指的是搭配煎鸡蛋和香肠的烩牛肉。

13

特辑 Special Selection

氛围非常浓郁
体验欧洲传统
咖啡文化

以维也纳为首，中欧有着300多年的咖啡文化。踏入传说中的咖啡老店铺，仿佛能感受到穿梭的时空。沉浸在咖啡的香味中，尽情体会源远流长的文化魅力吧。

布达佩斯的纽约咖啡厅。新艺术派的装修风格引人注目。咖啡厅和酒店是一体的

咖啡馆 Café

咖啡馆最早出现在维也纳是在1685年，比巴黎的咖啡馆出现得还要早。据说咖啡当时得到了皇帝的喜爱。咖啡据说是经由奥斯曼帝国传播至维也纳的，维也纳有着用带手柄的玻璃杯饮用等各式各样的咖啡喝法。

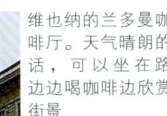

维也纳的兰多曼咖啡厅。天气晴朗的话，可以坐在路边边喝咖啡边欣赏街景

以萨赫蛋糕闻名的萨赫咖啡厅。咖啡厅内装饰风格比较雅致

咖啡馆已经逐渐成为艺术家、上流人士以及记者们经常出入的场所，也变成了人们的社交中心。人们经常在咖啡馆点一杯咖啡，读读报、聊聊天，以此来打发时光。可以说，咖啡已经完全融入了人们的生活。维也纳的咖啡文化已经成为世界非物质文化遗产。

咖啡文化也逐渐渗透到布达佩斯和布拉格。在布拉格，有一所大名鼎鼎的咖啡馆叫作"三只鸵鸟咖啡厅"（参照p.80），这是一位亚美尼亚人在18世纪初期开的。在布达佩斯，同样有着一所漂亮的咖啡厅——纽约咖啡厅（参照p.109）。纽约咖啡厅的股东是纽约保险公司。德国各城市的咖啡文化各异，虽比不上维也纳那般浓厚，但自19世纪柏林成为国际大都市后，咖啡馆也逐渐成为名流们社交的重要场所之一。

咖啡厅通常会提供美味可口的小点心。服务员大都是有着甜美笑容的女性

来自匈牙利的美味蛋糕

特辑 Special Selection

一定要尝尝
尽享飘香
美酒

葡萄酒和啤酒是中欧饮食文化中不可或缺的部分。奥地利人、匈牙利人和斯洛伐克人大多喝葡萄酒，而捷克人和德国人更喜爱喝啤酒。

葡萄酒 Wine

维也纳的旧市场里有一座被称为"葡萄酒窖"的地下酒场。因为很多餐馆只提供菜品服务，推荐大家在餐馆吃完饭后在"葡萄酒窖"细细地品尝葡萄酒。如果想在用餐时享受葡萄酒的美味的话，可以选择有快餐的小酒屋或可以享用叫作"拜伊思"（Beisl）的家庭料理的平民店，也可选择在郊外能喝到新酒的"Heurige新酒酒庄"里轻松愉快地品尝葡萄酒。

匈牙利是葡萄酒的王国。想在布达佩斯品尝美味的葡萄酒的话就去高级餐厅。高级餐厅有上等的葡萄酒和美味的料理。

上／代表匈牙利的托考伊白葡萄酒
左／坐落于维也纳的地下酒场"葡萄酒窖"，气氛融洽

在匈牙利的很多餐厅中都可以享受到被称作"民族音乐乐团"的乐团带来的演奏

维也纳森林的"Heurige新酒酒庄"，可以品尝农家葡萄园的新酒。店里演奏着维也纳民乐，气氛热烈。

啤酒 Beer

捷克的啤酒很好喝。波希米亚的比尔森在12世纪末就成了啤酒的酿造中心地。被称为"皮尔森"的比尔森啤酒在19世纪向欧洲各地输出，逐渐成为啤酒的代名词。布拉格开设有很多有名的设有舞池并有音乐表演的啤酒店，度数很高的黑啤是名物产。

柏林古老的啤酒店，即使是白天啤酒也不可或缺

捷克南部的捷克布杰约维采酿造的百威和布多巴尔是代表品牌

啤酒＆葡萄酒 Beer & Wine

提起德国人们就会想到啤酒和白葡萄酒，特别是啤酒，几乎每座德国城市都会有它自己的啤酒酿造所。

德国于1516年发布了"啤酒纯粹令"，啤酒被要求只能用大麦、忽布和水来酿造。现在德国啤酒也以加入酵母成分的形式存在着。慕尼黑有很多家设有舞池和音乐表演的啤酒店。除了作为知名的啤酒发源地，德国还盛产葡萄酒，生产的酒中八成是有水果味道的白葡萄酒。

威士莲种类的葡萄酒很有名，搭配面包和汤享用十分美味

啤酒杯带有刻度

哈布斯堡家族的纹章双头鹰

特辑 Special Selection

坐落于欧洲大陆正中的国家
了解中欧5国

话说中欧

坐落于欧洲大陆中间位置的有波兰、捷克、斯洛伐克、匈牙利、斯洛文尼亚、克罗地亚等国家。这些国家在第二次世界大战后成为社会主义国家，与西欧相分割被称为东欧。1989年柏林墙开放后，从政治意义上来讲，西欧和东欧的说法不复存在。曾经意味着社会主义国家的东欧一称，现在被作为地理名词使用，指波罗的海与乌拉尔山脉之间，地理位置处于欧洲东部的各国的总称。而奥地利、德国、捷克、斯洛伐克、匈牙利等国因地理位置处于欧洲的中央而被称为"中欧"。

联结四国的枢纽

德国和奥地利、捷克、匈牙利四个国家虽然人种和语言都不同，却拥有共同的文化，在历史方面也有紧密联系。这些国家因是处于哈布斯堡帝国的领土地域的国家，因此有的时代存在着共同的国王和皇帝。捷克的波希米亚属于神圣的罗马帝国，在查理四世时代，布拉格作为帝国的首都而繁荣；匈牙利从近世开始被奥地利支配，19世纪奥地利和匈牙利通过奥匈协约建立了二元制国家奥匈帝国；诸如此类。捷克和匈牙利也时常因为受到德国的影响而成为与德语文化圈相亲近的国家。

18世纪的哈布斯堡帝国领域

哈布斯堡家族的历史

哈布斯堡家族是欧洲历史上统治时间最长、统治地域最广的封建家族。1273年，哈布斯堡家族的鲁道夫一世被选为德国国王（德国国王因从罗马法王得到帝冠而被尊为神圣罗马帝国皇帝），而后又在1278年打败了波希米亚王而使瑞士阿尔卑斯山脉中的小贵族哈布斯堡家族登上历史舞台。15世纪末哈布斯堡王朝发布《婚姻政策》，不战而胜扩张了领土。17世纪在波希米亚发起了长达30年的反天主教势力与哈布斯堡家族的战争。然后又经历了鼠疫流行的苦难时代，终于在18世纪的玛丽亚·特蕾西亚时代迎来了哈布斯堡帝国的文化发展时代。18世纪后期哈布斯堡家族统治范围仅限于匈牙利。19世纪后半叶哈布斯堡家族统治奥匈帝国；第一次世界大战后，奥匈帝国解体，奥地利第一共和国成立，哈布斯堡家族彻底没落。

匈牙利王妃
伊丽莎白

16

区域观光指南

维也纳	18	布达佩斯	92
萨尔茨堡	54	柏林	114
布拉格	62	迈森	128
捷克克鲁姆洛夫	86	德累斯顿	130
布拉迪斯拉发	88	慕尼黑	134

中欧5国周游路线图示

5国4城　连宿2晚　周游中欧5国

经由维也纳飞往柏林，由北向南经过德国、捷克、奥地利以及斯洛伐克和匈牙利5国的高效观览路线。

第1天 · **晚上** 到达柏林（住宿在柏林）

第2天 · **上午** 柏林市区观光
下午 波茨坦观光（住宿在柏林）

第3天 · **上午** 前往德累斯顿，德累斯顿市区观光 **下午** 前往迈森，迈森市区观光，观光后前往布拉格（住宿在布拉格）

第4天 · **全天** 布拉格市区观光（住宿在布拉格）

第5天 · **上午** 前往捷克克鲁姆洛夫
下午 前往维也纳（住宿在维也纳）

第6天 · **全天** 维也纳市区观光（住宿在维也纳）

第7天 · **上午** 前往布拉迪斯拉发，布拉迪斯拉发市区观光 **下午** 前往布达佩斯（住宿在布达佩斯）

第8天 · **全天** 布达佩斯观光（住宿在布达佩斯）

第9天 · **上午** 坐巴士前往维也纳
下午 坐直通车到达回国的地点

第10天 · **上午** 回国

维也纳
WIEN

地图p.6-F

维也纳是奥地利的首都，肃立着许多因哈布斯堡家族的繁荣而兴建的庄严建筑。这座魅力都市因绘画、建筑、音乐等艺术和丰富的文化而闻名于世。

见证哈布斯堡家族光荣历史的霍夫堡

ACCESS　交通→从机场到维也纳市区
巴士→到维也纳西站大约30分钟，到达瑞典广场大约40分钟
出租车→到市中心大约30分钟

ℹ 观光咨询处
city office ■Albertinaplatz
■9:00~19:00　全年无休
维也纳国际机场到达大厅■7:00~22:00
全年无休

城市概览

维也纳最初作为神圣罗马帝国的军事据点设置在边境领地。12世纪前半叶，维也纳成为首都，作为商业都市而繁荣，13世纪哈布斯堡家族开始统治维也纳，14世纪夺取了神圣罗马帝国皇帝的宝座，15世纪末继位的马克西米连一世通过联姻扩大了领土。16世纪奥地利经历了奥斯曼土耳其的袭击，17世纪经历了30年战争和因鼠疫的流行而持续的苦难时代。到了18世纪，玛利亚·特蕾西亚进行了各种改革，使维也纳得到了发展。1806年神圣罗马帝国解体，之后，以首相梅特涅为中心的维也纳体制得以延续；1848年欧洲革命爆发后，维也纳群众起义，引发全国革命。弗朗茨·约瑟夫一世即位皇帝。1867年，奥匈帝国成立，一直延续到第一次世界大战。1918年，奥匈帝国因战败瓦解，奥地利失去部分领土后形成了现在的国境，维也纳随之衰落。第二次世界大战后奥地利成为主权国家，维也纳再次恢复了活力。

观光亮点

在维也纳观光一般需要逗留2～3天。维也纳的观光地集中在被称为"环城线"的环状路线的内侧和周边。"环城线"的内侧是老城区，霍夫堡宫（王宫）就坐落在这里。参观郊外的美泉宫宫殿及维也纳的森林需要两天时间，再加上瓦豪河谷的话，基本需要三天的观光时间。

◆ 尽情享受维也纳引以为傲的咖啡文化

维也纳的传统咖啡被选为联合国教科文组织的非物质文化遗产。维也纳的咖啡店，不单单是咖啡店，而是被称作"第二个家"的一种存在。悠闲地享用萨赫蛋糕等蛋糕和咖啡是维也纳做派。

◆ 维也纳的味觉之旅

将牛肉块长时间熬熟后切片制成的清炖牛肉是有名的美食。冠以维也纳之名的维也纳炸牛排（维也纳风格炸牛排）是最有名的，每个店都有。（参照p.12）

◆ 音乐之都的听觉享受

以维也纳爱乐乐团的新年音乐会为开始标志，每年1～3月维也纳都集中开展很多音乐会。复活节音乐节、夏季音乐节之后，到了秋天，真正的歌剧季节就到来了。

◆ 维也纳的特产

除了高级瓷器"奥格腾"、施华洛世奇水晶之外，萨赫蛋糕、莫扎特巧克力等巧克力点心也很有人气。与音乐相关的商品和以克里姆特的艺术作品为主题的物品也是维也纳的特产。

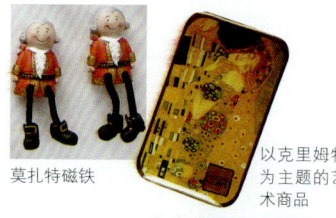

莫扎特磁铁　　　以克里姆特为主题的艺术商品

---

model plan

推荐旅游线路

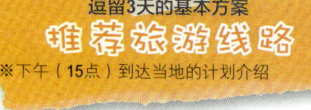

逗留3天的基本方案

※下午（15点）到达当地的计划介绍

第1天

下午 ● 入住酒店
　　　放下行李尽快出门。

● 在酒店周边散步
　　利用晚饭前的空闲时间收集情报。

● 前往维也纳森林的"Heurige 新酒庄"（→p.43）
　　品尝葡萄美酒。

第2天

上午 ● 市内观光
　　　参观老城区和"环城线"周边。

下午 ● 午饭
　　　享用维也纳的美食"维也纳炸牛排"。

● 前往美泉宫宫殿（→p.38）
　　参观哈布斯堡家族的夏日离宫。

● 去传统咖啡店（→p.47）
　　享用蛋糕和咖啡。

● 欣赏演唱会或歌剧表演
　　确认表演项目后进行预约。

第3天

上午 ● 瓦豪河谷巡游（→p.52）
　　　欣赏分散在各处的古城和修道院的美丽景色。

下午 ● 购物
　　　在克恩顿大街买特产。

● 晚餐
　　品尝地道的维也纳料理。

第4天

上午 ● 退房
　　　吃完早饭退房后前往机场。

夏日离宫美泉宫宫殿

19

市内交通

维也纳的公共交通工具有地铁（U号线）、有轨电车、巴士和S号线、R号线等近郊电车。这些交通方式都是共通的，在到达目的地之前相互间可以随意换乘。

地铁 U-Bahn

费用：单次票€2.1

虽然路线不同，但运营时间均为5点至24点（周五周六以及节假日以每15分钟一辆的形式24小时运行）。U1、U2、U3、U4、U6五条线路的列车因外观颜色不同而非常好分辨。乘车时先买车票，然后在检票处的闸机插入车票，之后去乘车站台等候。

地铁标志是蓝底白色的U字。乘车券有单次票、次数票、24小时/48小时/72小时自由行程车票等种类。注意单次票是单一方向通行的单向票，持单次票中途可换乘有轨电车、巴士等，但不可以反方向乘车。

有轨电车 Strassenbahn

费用：单次票€2.1（车内购买€2.2）

维也纳市内有轨电车线路呈网状分布。有轨电车的正面有写着目的地、数字以及字母的路线标志。乘车时可买票后刷卡乘车。若在车内买票，可在位于司机后方的售票机上购买。电车运行时间是早上5点到晚上12点。

有轨电车多为新式电车。各大有轨电车站均设有自动售票机。

注意事项

使用购票机
买票时注意检票

使用购票机买票时，在有关票数和检票的画面里，检票处会变成"现在检票"的选项，不立即乘坐的情况要选择"之后检票"的选项，选择"之后检票"的话，请在乘坐时通过检票机来检票。无论是乘坐地铁还是有轨电车，不正当乘车都是重罪。车站时常有突击检查，如果被发现使用旧车票等不当方式乘车，会被处以高额的罚款。

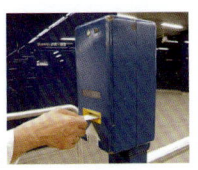

不要忘记检票

巴士 Autobus

费用：单次票€2.1（车内购买€2.2）

城市巴士（运行时间是周一到周六的6点到19点半左右）在"环城线"内的老城区运行1a、2a、3a三条线路，普通的巴士从"环城线"的周边地区向郊外延伸。乘车方法和有轨电车一样。标志为"Autobus haltestelle"的巴士站标有路线号和运营目的地。巴士日常运行时间是5点到24点左右。

出租车 Taxi

费用：起步价是900米以内€3.8

维也纳的出租车不能随意上客，所以需要利用出租车乘车站。出租车不是自动门，需要自己开关门。费用是打表计算。乘出租车需要支付小费（乘车费用的3%~5%）。

出租车大多是奔驰车

维也纳

维也纳
导览NAVI

所需时间 约2小时

老城区观光
不容错过的传统咖啡店

　　维也纳的观光中心是老城区及其周边。两条地铁线交错的圣斯蒂芬广场是老城区的中心。从国家歌剧院经过克恩滕大街到圣斯蒂芬广场，从格拉本到达金色大厅（徒步1小时），都可徒步游览也可以乘坐观光马车。圣斯蒂芬大教堂前的广场和米歇尔门前，以及阿尔贝蒂娜广场都设有乘

车站。

　　此外，绝不可错过的就是维也纳的咖啡馆了。咖啡馆继承并保留了始于19世纪的维也纳古老的咖啡传统，即点咖啡和喝咖啡每个店都有自己独特的方式。由穿着正装的服务生和品饮咖啡的当地居民们打造的咖啡文化被认定为无形的文化遗产。"环城大道"周边散布着位于国家歌剧院附近的"萨赫"、金色大厅旁的"德梅尔"等有名的咖啡店。

有历史的咖啡馆一定要去拜访

观光马车的驾驭者可以用英语来导航。请在乘坐前确认费用

方便乘车的"维也纳观光卡"
（Die Wien-Karte）

　　维也纳观光卡，可在48小时或72小时期限内自由乘坐市内公共巴士，并凭卡享受美泉宫宫殿等的打折入场券以及其他许多优惠。可在游客服务中心、地铁的车站以及售票亭购买。观光卡在第一次使用的时候，要在刷卡机上将卡内内侧刻印上标记。卡的价格：48小时€18.9，72小时€21.9。

POINT　　环绕着老城区的环形道路叫作"环城大道"，乘坐观光有轨电车"Vienna-Ring-Tram"便可沿环城大道游览一圈。车上设有中文的语音导游服务，无须下车就能观赏沿途左右林立的壮丽建筑物（所用时间大约为25分钟）。电车发车时间为：10点到17点半的每个整点和半点从瑞典广场出发。游览一圈的乘车券价格为€8。

环城线有轨电车内的液晶显示屏介绍环城线沿途的著名场所

21

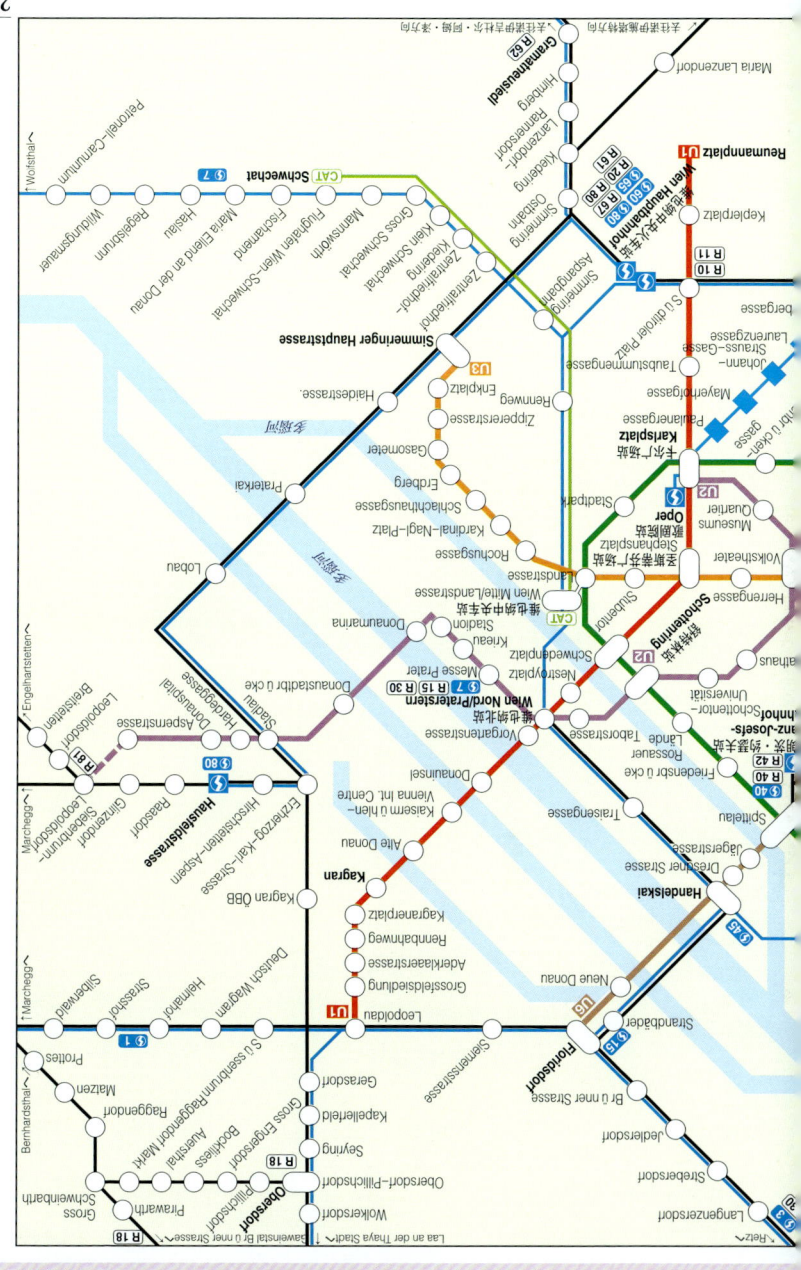

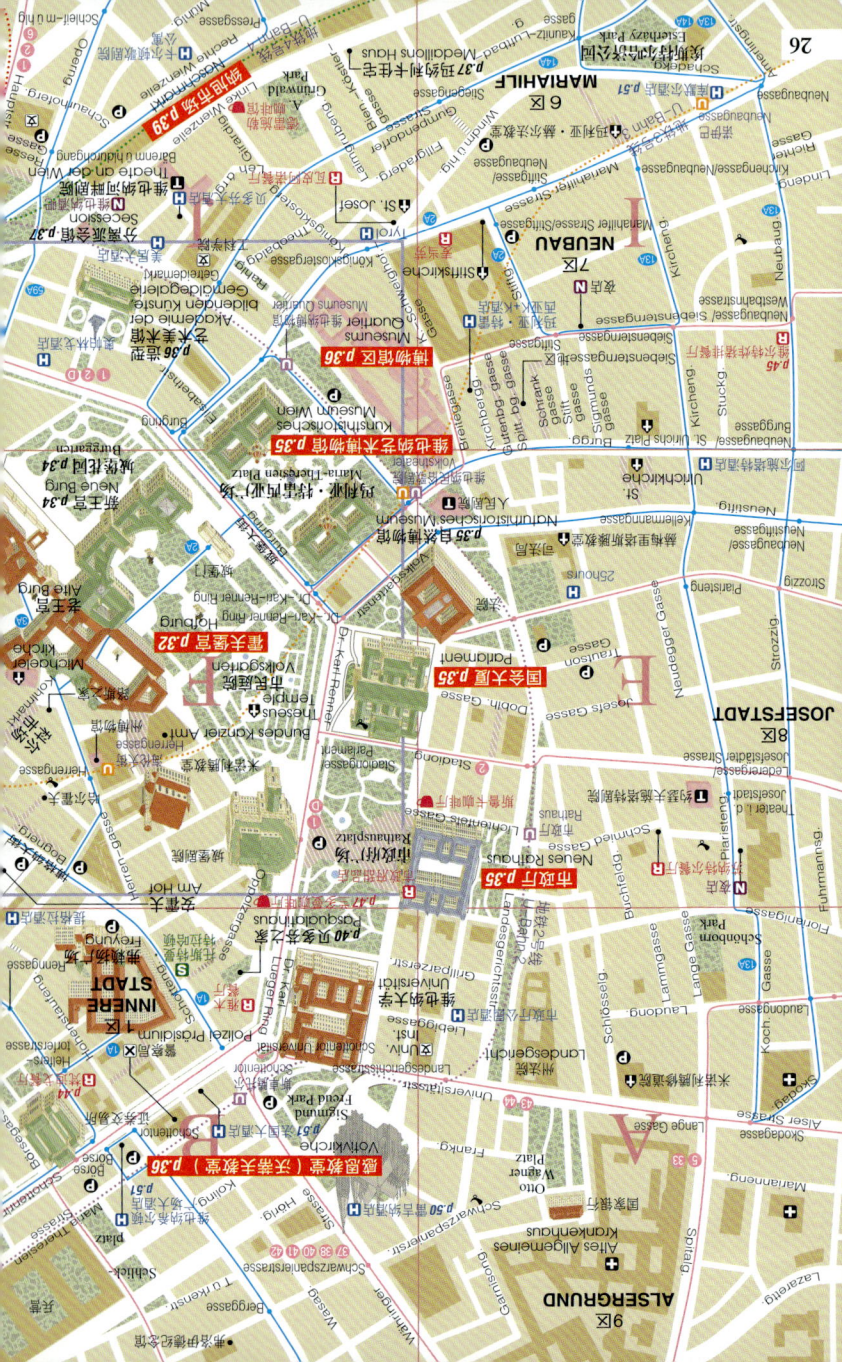

Sightseeing 观光

圣斯蒂芬广场周边
Stephansplatz

该区域是处于"环城大道"包围的老城区的中心区域。以屹立在圣斯蒂芬广场的圣斯蒂芬大教堂为中心，纵横贯通着商店街。大教堂北侧保留着古老的房屋。

圣斯蒂芬大教堂
Stephansdom
★★★

地图 p.29-D

■地铁U1、U3号线圣斯蒂芬广场站下车即到
■门票免费　导游路线包含地下墓穴在内€16
9:00~11:30、13:00~16:30全年无休

圣斯蒂芬大教堂有着八百多年的光荣历史，是维也纳的象征。始建于12世纪中期的罗曼式建筑风格的小教堂，在14世纪时由哈布斯堡家族的鲁道夫四世改建成哥特式建筑风格的大教堂。教堂以马赛克作为点缀的顶部是一大看点，教堂里以圣斯蒂芬为题材的主祭坛，以基督和圣母玛利亚的生涯为主题雕刻而成的维也纳新城祭坛，都是代表景点。教堂北塔下有被称为忧伤者的15世纪有名的雕塑。在教堂高137米的哥特式南塔上，可以通过美丽的马赛克顶部一览整个维也纳市的风貌。教堂地下有一个巨大的地下墓穴纳骨堂，收纳了哈布斯堡家族历代皇帝的内脏。

举行莫扎特婚礼及葬礼的教堂

格拉本大街
Graben
★★

地图 p.29-C

■地铁U1、U3号线圣斯蒂芬广场站下车后步行1分钟即到

格拉本大街是圣斯蒂芬广场向西侧延伸的细长的广场一样的街道，因直到13世纪这里都是格拉本护城河而得名。大街的中央矗立着的黑死病纪念柱，是1693年利奥波德一世为了纪念鼠疫的灭绝邀请奥地利最有名的巴洛克艺术建筑师埃拉赫等人建筑而成的。格拉本大街中部东侧道的瑞士教堂是9世纪创建的教会。

屹立于格拉本大街正中的黑死病纪念柱

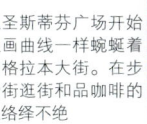

从圣斯蒂芬广场开始像画曲线一样蜿蜒着的格拉本大街。在步行街逛街和品咖啡的人络绎不绝

克恩滕大街
Kärntner Strasse
★★

地图 p.29-G

■地铁U1、U3号线圣斯蒂芬广场站下车即是

从圣斯蒂芬广场向南走的步行街是维也纳最繁华的大街。特产店、精品店、餐厅一家接着一家，还有施华洛世奇专卖店、老字号咖啡店，街上时常有街头艺人出现。与"环城大道"相交的地方就是国家歌剧院。

克恩滕大街是维也纳的代表性购物街

维也纳

皇家墓穴纳骨堂
Kapuzinergruft

地图 p.29-G ✴✴

■地铁U1、U3号线圣斯蒂芬广场站下车后步行5分钟即是　■费用€5　10:00~18:00　11月1日和2日休息

皇家墓穴纳骨堂是哈布斯堡家族的墓穴，位于教堂地下。地下纳骨堂皇家墓穴安放着包括10个皇帝、15个皇妃以及其他与哈布斯堡家族有关系的人的棺木。弗朗茨·约瑟夫和伊丽莎白皇妃的棺材并列安放着。有名的爱丈夫的玛丽亚·特蕾西亚和先她去世的丈夫弗朗茨一世合葬在一个棺木里。

弗朗茨·约瑟夫和茜茜公主的棺木周围洒满了鲜花

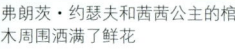

墓穴位于教堂的地下

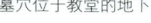

维也纳国家歌剧院（大歌剧院）
Wiener Staatsoper

地图 p.29-K ✴✴✴

■地铁U1、U2、U4号线卡尔广场站下车后步行5分钟即是　■含国家歌剧院博物馆的通票€6.5，周一博物馆休馆的时候€5（游览路线张贴在国家歌剧院商店的阿卡迪亚旁）

维也纳国家歌剧院是与巴黎歌剧院、米兰斯卡拉歌剧院齐名的歌剧院。歌剧院1869年建成，首场演出的是莫扎特的歌剧《唐·璜》。歌剧院正面是延伸两层的大楼梯和闪耀着枝形吊灯的大厅，大红色的观众席，镶金边的白色阳台等，看起来十分豪华。

📷 摄影最佳视角

残存着古朴风格的维也纳小巷

小巷位于圣斯蒂芬广场的北侧，以桑尼费斯公寓（Sonnen-felsgasse）为起点。曲折蜿蜒的趣味小巷被称为"美丽的灯笼街"，这条小巷的7号被称为龙屋（Basili-skenhaus），上面有奇特的怪兽石像和壁画。

灯笼街的灯笼

莫扎特故居
Mozarthaus Vienna

地图 p.29-D ✴✴

■地铁U1、U3号线圣斯蒂芬广场站下车后步行1分钟即是　■费用€10　10:00~19:00　全年无休

这是莫扎特在1784年到1787年居住的地方，在此居住期间莫扎特为歌剧《费加罗的婚礼》作曲。故居一到四楼是纪念馆，在此游览可租借中文的音频导游服务器。

莫扎特故居展示馆

音乐之家
Haus der Musik Wien

地图 p.29-K ✴✴

■地铁U1、U2、U4号线卡尔广场站下车后步行7分钟即是　■费用€11　10:00~22:00　全年无休

音乐之家是具有维也纳特色、可以进行音乐体验的博物馆。博物馆建筑物共有6层，可以享受各种各样的以"莫扎特的发现之旅""莫扎特的作曲""维也纳风的合奏管弦乐团"为主题的现代多媒体介绍。"维也纳风的合奏管弦乐团"主要介绍维也纳新年音乐会的作品。

霍夫堡宫
Hofburg

　　霍夫堡宫和哈布斯堡家族一样拥有将近650年的历史。以1220年左右最初建成的馆为核心，经过历代国王的反复修建、扩建而成。因汇集各时代不同风格的建筑，霍夫堡宫目前作为博物馆被公开展览。

王宫的正门是典型的巴洛克样式

皇帝的住所／茜茜公主博物馆
Kaiserappartements / Sisi Museum

地图 p.28−F　　　✿✿✿

■费用€10.5（附送银器阁门票）
■9:00～17:30（7、8月～18:00）全年无休

　　哈布斯堡家族的历代皇帝执行公务以及日常生活的旧皇宫。公开展示着旧皇宫最后的居住主人弗朗茨·约瑟夫夫妻的居住空间。

　　首先映入眼帘的便是"茜茜公主博物馆"，展示着伊丽莎白的面具，屋子内展示着茜茜公主出嫁前夜穿的裙子和匈牙利王妃加冕时的裙子，以及旅行时使用的马车、清一色的黑色遗物等。在弗朗茨·约瑟夫皇帝的住所里，设有拜见等候室、拜见室、会议室、办公室、卧室、美容室等装饰豪华的房间。伊丽莎白王妃最早入住的是"客厅兼卧室"。"化妆室兼培训室"里放置着化妆台和每日所需的化妆用品。王宫"浴室"的前方是"响铃间"，然后是"大沙龙""小沙龙"，大等候室位于拐角处。往里面走有楼梯，开舞会的时候作为玄关室。"亚历山大皇帝居室"是在召开维也纳会议时俄罗斯的亚历山大

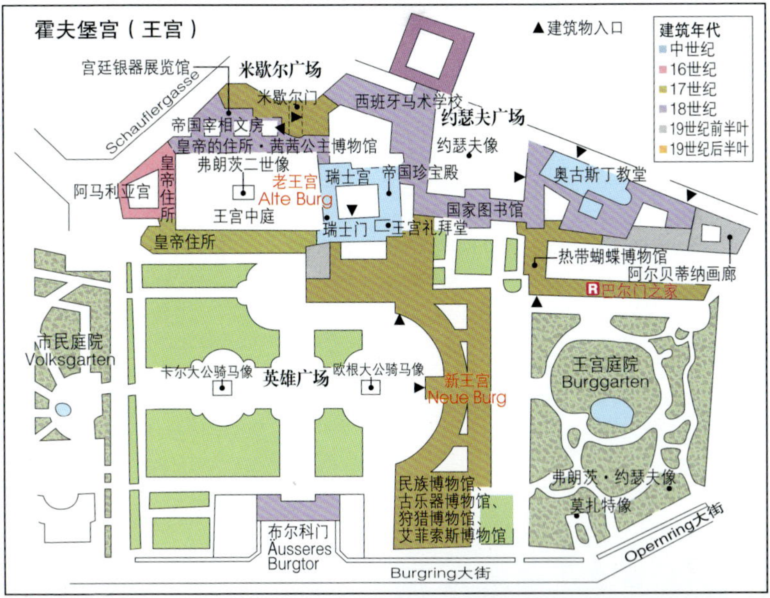

霍夫堡宫（王宫）

▲建筑物入口

建筑年代
- 中世纪
- 16世纪
- 17世纪
- 18世纪
- 19世纪前半叶
- 19世纪后半叶

宫廷银器展览馆
Schauflergasse
米歇尔广场
米歇尔门
帝国宰相文房
西班牙马术学校
约瑟夫广场
约瑟夫像
皇帝的住所·茜茜公主博物馆
弗朗茨二世像
瑞士宫—帝国珍宝馆
奥古斯丁教堂
皇帝住所
阿马利亚宫
老王宫 Alte Burg
王宫中庭
瑞士门
王宫礼拜堂
国家图书馆
热带蝴蝶博物馆
阿尔贝蒂纳画廊
R 巴尔之家
皇帝住所
市民庭院 Volksgarten
卡尔大公骑马像
英雄广场
欧根大公骑马像
新王宫 Neue Burg
王宫庭院 Burggarten
布尔科门 Ausseres Burgtor
民族博物馆古乐器博物馆、狩猎博物馆艾菲索斯博物馆
弗朗茨·约瑟夫像
莫扎特像
Opernring大街
Burgring大街

32

维也纳

弗朗茨·约瑟夫时代的晚宴厅

皇帝曾使用过的房间。"红色沙龙"是哈布斯堡家族最后的皇帝卡尔一世的接待室。最后出现的是"宴会厅",金黄的装饰十分美丽。

宫廷银器展览馆
Hofburg Silberkammer

地图 p.28-B

■费用€10.5（包含在皇帝的住所和茜茜公主博物馆通票内） ■9:00~17:30（7、8月~18:00） 全年无休

展览馆收集了哈布斯堡家族历代的以陶瓷器和银器为主的饮食器具。陶瓷器是从欧洲有名的制造所引进的。收集的银器多是19世纪前叶叶米兰制造的豪华物品。馆内还珍藏有埃及艳后赠送给玛丽亚·特蕾西亚的由塞弗尔烧制的饮食器具套装。

帝国珍宝殿
Kaiserlich Schatzkammer Wien

地图 p.28-F

■费用€12　开放时间：10:00~18:00　每周二休馆

珍宝殿展示着从16世纪以来收集保管的宝物。以费迪南多一世之后的哈布斯堡家族的收藏为主，还存有神圣罗马帝国皇帝奥托大帝的王冠和11世纪的十字架等珍贵的宝物。

神圣罗马帝国皇帝的桂冠

西班牙骑术学校
Spanische Reitschule

地图 p.28-F ✹✹

■费用：参观早上的驯马表演需要€14、€28（包含下午的建筑参观）、公演门票€42~158、站票€23　全年无休

西班牙骑术学校是卡尔六世于1572年设立的传统骑术学校。马的集体演出和早上的驯服调教被公开表演。集体演出向人们展示白马们结合了华尔兹和踢踏舞步翻翻起舞的高超技术。

王宫礼拜堂
Burgkapelle

地图 p.28-F ✹✹

■费用€1.5（参与礼拜€5~€29）　■1~6月以及9月中旬~12月的周一至周四11点到15点，周五11点到13点（合唱团1~6月末以及9~12月末的周日和宗教节日9:15开始），节假日休息

15世纪修建的旧王宫中建造的小礼拜堂，这里的维也纳童声合唱团很有名，除了暑假，在每周日做礼拜的时候可以听到他们美妙的歌声，礼拜结束后穿着水手服的合唱团会一起出中庭和观光客一起拍纪念照。

小知识

维也纳童声合唱团前身是1498年诞生的王宫礼拜堂专业少年圣歌团，由6~18岁的少年组成。在礼拜堂内举行的礼拜的赞美歌由10~12岁的少年演出。在少年们的宿舍所在地奥格滕建成的演奏厅"Muth"（地图p.25-C）和乐友协会大厅可以欣赏到合唱团美妙的歌声，很多粉丝都沉醉在其中。合唱团还会在世界各地举行演唱会。

新王宫
NeueBurg
★★★

地图p.28-F

■费用€12（包含5个博物馆的通票） 10:00~18:00 周二休馆

新王宫是1913年建成的哈布斯堡家族最后的王宫。宫殿是有着新巴洛克风格的建筑物，内设民族学博物馆、古乐器收藏馆、狩猎武器收藏馆、以弗所考古学博物馆、莎草纸博物馆5个博物馆。

新宫殿内有5个博物馆

国家图书馆
Österreichische Nationalbibliothek (Prunksaal)
★★

地图p.28-F

■费用€7 开放时间：10:00~18:00（周四、21:00） 周一休馆

18世纪前半叶奉卡尔六世之命，巴洛克艺术的巨匠——费歇尔·冯·埃尔拉赫设计建造了这座被称为世界上最美的图书馆的建筑。仿佛宫殿一般华丽的图书馆，在帝国解体后成为国家图书馆。图书馆有漂亮的巴洛克式的大厅，大厅有豪华的天花板壁画。

装饰大厅的天花板壁画

奥古斯丁教堂
Augustinerkirche
★★

地图p.28-F

■开放时间：8:00~18:00（周日13:00~18:00）周日从礼拜后12点半左右开始，无须预约即可到纳骨堂参观

这是哈布斯堡家族举行婚礼和葬礼的教室。玛利亚·特蕾莎、弗朗茨一世、弗朗茨·约瑟夫和伊丽莎白皇妃的婚礼都在此举行。这里用银色的小罐安放着17世纪以来历代皇帝的心脏。依据哈布斯堡王朝的习惯，一具尸体要分三处埋葬：心脏放在奥古斯丁教堂，内脏放在圣斯蒂芬大教堂，尸骨则放置在皇家墓穴里。

阿尔贝蒂娜博物馆
Albertina
★★

地图p.28-F

■地铁U1、U2、U4号线卡尔广场站下车后步行4分钟即是
■费用€9.5 10:00~18:00（周三10:00~21:00） 全年无休

博物馆以收集丢勒、伦勃朗和鲁本斯等艺术家的素描和版画为乐趣的玛利亚·特蕾莎的女婿阿尔贝蒂娜的名字命名。博物馆内主要展览丢勒的作品，其有名的作品《兔子》就收藏于此。

城堡花园
Burggarten
★★

地图p.28-F

■有轨电车1、2、71、D号线在戒指路站下车后步行2分钟即是 ■6:00~日落（11月至次年3月从6:30到日落）

花园在新王宫的背面，从环城大道就能看到的绿意盎然的花园。音符式的花坛里耸立着莫扎特的铜像。花园一角耸立着的另一座铜像是弗朗茨·约瑟夫一世皇帝，他是奥地利在位时间最长（68年）同时也是带领维也纳走向繁荣的皇帝，但他的铜像却不引人注目。

莫扎特铜像

环城大道周边
Ring

环城大道是1866年拆除老城区的城墙后修建而成的，是通向多瑙河的马蹄形大道。沿着环城大道修建有公园、国家歌剧院、国会议事堂等公共建筑，在此参观可以饱览19世纪后半叶的建筑物。

将玛利亚·特蕾莎广场夹在中间的维也纳艺术博物馆和自然博物馆（右）

维也纳艺术博物馆
Kunsthistorisches Museum Wien

地图 p.28-I ✦✦✦

■地铁U2号线博物馆区下车后步行2分钟即到
■费用€14（包含新王宫和帝国珍宝殿的通票€20，包含利奥波德博物馆的通票€22）
■10:00~18:00（周四~21:00）　周一休息

玛利亚·特蕾西亚广场南侧的建筑物。馆内有哈布斯堡家族数量庞大的收藏品。其中最有名的是鲁本斯和布吕赫尔的收藏。博物馆设50余个陈列室，分埃及和东方艺术、希腊和罗马、欧洲绘画、雕刻和装饰艺术、纪念章和货币、武器、古代乐器等部门展出。

布吕赫尔作品《通天塔》

装饰华丽的正面大楼梯

自然博物馆
Naturhistorisches Museum

地图 P.28-E ✦✦

■地铁U2、U3号线volkstheater下车后步行两分钟即到　■费用€10　开放时间：9:00~18:30（周三9:00~21:00）　周二休息

馆藏的珍品众多，展品自玛利亚·特蕾莎的丈夫弗朗茨一世开始收集，各种展品与自然科学相关，玛利亚·特蕾莎送给弗朗茨一世的宝石花束等也珍藏于此。

国会大厦
Parlament

地图 p.28-A ✦✦

■地铁 U2、U3号线volkstheater站下车即是　■语音导航€5　开馆时间：周一~周四11:00、14:00、15:00、16:00（周五追加13:00），周六10:00~16:00的每个整点（7月中旬~9月中旬周一~周五11:00~16:00的每个整点），召开议会期间、周日、节假日休馆

大厦于1883年创建。立于入口处的8根大柱子上有希腊、罗马的学者和政治家们的雕像，屋顶上装饰着希腊战车。大厦正面是雅典娜女神的喷水像。

希腊风的壮丽建筑

市政厅
Neues Rathaus

地图 p.26-E ✦✦

■地铁U2号线市政厅站下车后步行3分钟
■周一、周三、周五的13:00开始召开议会时期不开放

市政厅建筑为新哥特式风格，特色是拥有以高98米的塔为中心的五座尖塔。夏天在正面的广场召开音乐会，冬天11月中旬开始这里被装饰为圣诞城。

新哥特式风格的市政厅

35

感恩教堂（沃蒂夫教堂）
Votivkirche

地图 p.26-B

■地铁U2号线腾托尔站下车后步行2分钟即是
■免费参观　周一休馆

这座美丽的教堂，屋顶上镶嵌着如蕾丝一般的细白马赛克。1853年发生了弗朗茨·约瑟夫遇刺未遂事件，其弟弟马西米连诺公爵为了庆祝皇帝的死里逃生而兴建了这座教堂。

博物馆区
Museums Quartier

地图 p.28-I

■地铁U2号线博物馆区下车后步行1分钟即是
■利奥波德美术馆门票€12　开放时间10:00~18:00（周四10:00~21:00）　周二休馆　■近代美术馆门票€11　10:00~18:00（周四10:00~21:00）　全年无休

博物馆区是集中了10多家美术馆和博物馆的复合型美术馆。其中最受人关注的是藏有埃贡·席勒作品的利奥波德

美术馆。藏有毕加索和克利等20世纪艺术家作品的近代美术馆也受人瞩目。

复合型美术馆中的利奥波德美术馆

列支敦士登博物馆
Liechtenstein Museum

地图 p.25-C

■有轨电车D号线bauernfeldplatz站下车后步行2分钟即是　■费用€10　10:00~17:00　周三、周四休馆

建筑物前身是建成于17世纪末的列支敦士登侯爵的宫殿，现在作为博物馆开放。

正门大厅内的豪华黄金马车

市立公园
Stadtpark

地图 p.27-H

■地铁U4号线市立公园站下车即是
■免费参观

市立公园是1862年沿着环城大道修建的英式庭院风公园。市立公园内林立着约翰·施特劳斯、舒伯特和布鲁克纳等音乐家的纪念雕像。从该公园的南面出来就是协奏曲之家。

约翰·施特劳斯镀金雕像

维也纳卡尔广场博物馆
Wien Museum Karlsplatz

地图 p.27-K

■地铁U1、U2、U4号线卡尔广场站下车后步行3分钟　■€8（普通展区每月第一个周日免费参观）　9:00~18:00　周一休馆

博物馆内展览着从古代到20世纪末的与维也纳历史相关的展品。馆内还展示着克里姆特的《艾米丽·佛罗吉像》和埃贡·席勒的自画像等20世纪艺术家的作品。

曾经装饰圣斯蒂芬大教堂的花窗玻璃

造型艺术美术馆
Akademie der bildenden Künste,Gemäldegalerie

地图 p.28-J

■地铁U1、U2、U4号线卡尔广场站下车后步行3分钟　■费用€8　10:00~18:00　周一休馆

传统的与造型美术学校合并的美术馆。馆内最大看点是耶罗尼米斯·博斯所画的名为《最后的审判》的祭坛画；馆内还展示着鲁本斯和范戴克的作品。

世纪末艺术家

与已成型的艺术和传统主义决裂，以"为时代的艺术，艺术应得的自由"为口号的"维也纳分离派"诞生于19世纪末，第一任主席是克里姆特。维也纳分离派创造了新的艺术潮流。

埃贡·席勒 Egon Schiele（1890—1918年）

席勒的作品——《自画像》

在维也纳美术学校学习后拜克里姆特为师，但画风与其相反，展现了黑暗苦难的感觉。因许多画作展现性欲主题而被谴责为不道德的画家。有很多类似于《裸体的自画像》和《死神和少女》等令人震惊的作品。年仅28岁离世。

古斯塔夫·克里姆特 Gustav Klimt（1862—1918年）

生为黄金雕刻匠的儿子，因绘制城堡剧院的天花板而成为画师大显身手。1897年和建筑家奥别列兹等创建了"维也纳分离派"。1905年脱身分离派，设立奥地利艺术同盟，指导埃贡·席勒和奥斯卡·柯克西卡。其作品特征为使用金属般的色彩严谨细致地营造出华美的富有装饰性风格的画法。

旧约圣经中人物的画像

奥斯卡·柯克西卡 Oskar Kokoschka（1886—1980年）

在维也纳美术学校向古斯塔夫·克里姆特学习，也参加了约瑟夫·霍夫罗和科洛·莫泽尔成立的"维也纳工房"。因纳粹党被贴上了颓废艺术家的标签，但从人类的本性来看他还是一位名副其实的画家。

新艺术运动潮流
青年形态艺术

在法国被称为"新艺术"，在英国被称为"现代艺术"。

欧洲各国兴起的新的文化运动在德语圈被称为青年形态。因19世纪末开始兴起又被称为世纪末艺术。在维也纳，建筑领域以奥托·瓦格纳为代表，绘画领域以克里姆特为代表。

被称为"黄金白菜"的维也纳分离派会馆，是以创造新艺术为目标的艺术家们的活动据点

世纪末建筑

分离派会馆

Secession 地图 p.26-J

■地铁U1、U2、U3号线卡尔广场站下车后步行1分钟　■费用€8.5　10:00~18:00　周一休息

维也纳分离派人物活动的据点。屋顶装饰着被称为"黄金白菜"的装饰物。地下室藏有克里姆特的画作《贝多芬饰带》。

青年形态艺术流派还影响了维也纳的建筑家，以奥托·瓦格纳为首设计了兼具功能性与装饰性的使用新型素材的多座建筑物。

卡尔广场地铁站建筑

Karlsplatz-Pavillon 地图 p.27-K

■地铁U1、U2、U4号线卡尔广场站下车即到

金色向日葵形状的地铁站。该建筑物的设计、钢筋构造、板岩面板的外壁、建筑方位等，都成为众人热烈讨论的话题。

安卡时钟 Ankeruhr

地图 p.29-D　■地铁U1、U3号线圣斯蒂芬广场站下车后步行4分钟

处于连接2座安卡保险公司的走廊位置，钟内设计有包含卡尔大帝和玛利亚·特蕾莎在内的12位成员，正午时分全员登场。

恩格尔药房

Engelapotheke 地图 p.28-B

■地铁U3号herrengasse海银大道下车后步行5分钟

维也纳最古老的药房，青年形态艺术的湿壁画是其标志。

KARLSPLATZ

玛约利卡住宅 Majölikahaus

Medaillons Haus 地图 p.26-J

■地铁U4号kettenbruckengasse站下车后步行3分钟即是

玛约利卡住宅是集合住宅，外壁镶嵌着意大利烧制的花朵样式瓷砖。

玛约利卡住宅旁边是维也纳分离派会馆，装饰主要为雕手工。

环城大道外侧
AuBerhalb der

老城区的外侧建有王室和贵族的宫殿宅邸。城市的西南方有美泉宫，东南方有安葬伟大作曲家们的中央墓地。

象征着玛利亚·特蕾莎的黄色的高贵的宫殿

美泉宫
Schloss Schönbrunn

地图 p.24-I、p.42-A ✼✼✼

■地铁schonbrunn站下车后步行5分钟即是
■皇宫路线€10.5、全景路线€13.5 开放时间
8:30～17:00（11月～次年3月8:30～16:30，7、8月8:30～18:00） 全年无休

美泉宫即美丽的源泉的意思。17世纪末，奉皇帝拿破仑一世的命令，建筑师埃拉赫设计建筑了这座宫殿。18世纪时作为皇室离宫，后来玛利亚·特蕾莎将其改作华丽的宫殿使用。宫殿内部的魅力自不用说，宫殿外宽阔的庭院也很壮观。小山丘上依照玛利亚·特蕾莎的喜好修建了休息

从宫殿走20分钟即可到达隔着泉水和温室的宽广庭院，庭院内有小亭子，那里有咖啡厅，可以眺望得到宫殿

用的小亭子。

美泉宫的参观路线有两条，一条是参观到26室为止的皇宫路线，另一条是参观到40室为止的全景路线。

最初参观到的是弗朗茨·约瑟夫夫妇使用的宫殿的西边部分。4室是皇帝的办公室，5室是皇帝的卧室。卧室是弗朗茨·约瑟夫用来休息的房间。伊丽莎白皇妃经常用来美容的8室美容室和茜茜公主使用的10室豪华沙龙室相接。9室是新婚一年间弗朗茨·约瑟夫夫妇共同使用的卧室。

年幼的莫扎特曾在美丽的沙龙16室"镜之室"内为玛利亚·特蕾莎演奏钢琴。21室"大美术室"是玛利亚·特蕾莎时代举办大型庆典的大厅。展示有玛利亚·特蕾莎肖像的26室"仪式之室"要购买全景路线票才可以参观。

莫扎特首次演出的16室"镜之室"

"大美术室"是有历史意义的会议召开的地点

宫殿内部

正门 ↑

庭院

美景宫
Schloss Belvedere

地图 p.25-K ✸✸

■有轨电车D号线美景宫站下车后步行3分钟即到
■€16（上下宫通票），单票€11 开放时间10:00~18:00（周三~21:00） 全年无休

美景宫为巴洛克风格建筑，是建筑大师希尔德布兰特设计修建而成的宫殿，是17世纪击退土耳其军队的大英雄欧根亲王的夏日离宫。美景宫分为用于居住的下宫和用于迎宾的上宫，上下两宫之间是巧妙利用低缓的山丘建成的广阔的法式庭院。

上宫现在是19、20世纪美术馆，下宫是展示18世纪艺术和巴洛克艺术的奥地利美术馆。

上宫藏有克里姆特的画作《接吻》以及埃贡·席勒的《死神和少女》等艺术家的作品。

克里姆特的代表作《接吻》

作为美术馆的上宫

纳旭市场
Naschmarkt

地图 p.26-J ✸

■地铁U4号线kettenbruckengasse站下车即是
■开放时间是清晨到日落 周日休息

除了新鲜蔬菜水果店、肉店、奶酪店、面包店外，市场内还有服装店。市场内有专营阿拉伯和斯拉夫香料的店铺，以及经营亚洲食材的店铺，寻找一些食品材料特产很方便。很多食品店提供店内用餐服务，也可将食品外带，边走边吃。

红酒店铺

普特拉游乐场
Prater

地图 p.25-H、p.42-B ✸

■地铁U1号线维也纳普特拉游乐场站下车后步行5分钟即是 ■观览车开放时间10:00~次日1:00（根据季节有所不同） €8.5

曾作为贵族狩猎场的游乐场。夜晚灯光点缀着直径61米的riesenrad摩天轮，十分壮观。这个摩天轮因在电影《第三个男人》中出现而出名。

中央公墓
Zentralfriedhof

地图 p.42-B ✸✸

■有轨电车71、72号线中央墓地站下车即是 ■开放时间7:00~19:00（11月~次年2月8:00~17:00，3~10月~18:00）

墓地埋葬着维也纳有名的音乐家们。离入口较近的32A区域里长眠着贝多芬、舒伯特、勃拉姆斯、约翰·施特劳斯父子。公墓中央立着巨型的莫扎特纪念碑。

📖 小知识

建筑家佛登斯列·汉德瓦萨

在维也纳街头，佛登斯列·汉德瓦萨设计修建的建筑格外显眼。大型住宅佛登斯列·汉德瓦萨之家（地图 p.25-H）是1986年维也纳市委托给他的第一个作品。沿着多瑙河建成的垃圾焚烧场（地图 p.25-C）是以金色的洋葱塔为标志的建筑物，以丰富的色彩和曲线设计而引人注目。

垃圾焚烧场

维也纳 音乐之都的风采

哈布斯堡家族的历代皇帝在音乐方面都有很深的造诣，音乐家们得到了他们优厚的庇佑。19世纪后半叶维也纳古典音乐得以发展，海顿、莫扎特、贝多芬、约翰·施特劳斯等音乐家活跃于舞台。

市立公园内的约翰·施特劳斯雕像

沃尔夫冈·阿玛多伊斯·莫扎特

Wolfgang Amadeus Mozart (1756—1791年)

生于萨尔茨堡的莫扎特被誉为神童，随父亲在欧洲各国进行旅行演出展示了其天赋。1784年到1788年，莫扎特在维也纳的家中创作了《费加罗的婚礼》。这个家现在作为维也纳莫扎特之家的纪念馆（p.31）被公开展示。

王宫庭院内的莫扎特雕像

活跃于维也纳的 音乐家们

贝多芬像

约翰·施特劳斯

Johann Strauss (1825—1899年)

作曲家圆舞曲之王小约翰·施特劳斯是与其同名的"圆舞曲之父"老约翰·施特劳斯的儿子。作为纯粹的维也纳人，他创作了《维也纳圆舞曲》。1867年创作了《蓝色多瑙河》。他的家在维也纳市区，可参观，里面展示着施特劳斯的手风琴和乐谱等。

约翰·施特劳斯之家
Johann Strauss Wohnung 地图 p.27-D

■地铁U1号线nestroyplatz站下车即是
■€4（每月第一个周日免费开放）开放时间10:00~13:00，14:00~18:00 周一休息

以莫扎特为首，很多道路都以音乐家的名字命名

4..Mozarigasse

弗朗茨·约瑟夫·海顿

Joseph Haydn (1732—1809年)

曾为圣斯蒂芬大教堂童声合唱团团员的海顿，受到了当时拥有欧洲最大领地和财产的埃斯特哈齐侯爵的庇佑，30年间一直住在侯爵家中。海顿从1797年住到1809年去世的家现在作为博物馆开放。

海顿之家
Haydn haus 地图 p.24-J

玛利亚大街上的海顿像

■地铁U3号线Ziegiergasse站下车后步行6分钟
■€4（每月第一个周日免费开放）10:00~13:00，14:00~18:00 周一休馆

路德维希·凡·贝多芬

Ludwig van Beethoven (1770—1827年)

贝多芬生于德国波恩，儿时就展现了音乐天赋。21岁时离开维也纳去学音乐。创作出很多名曲的同时，因听觉日渐衰弱而苦恼，为了疗养常常待在维也纳郊外的温泉，也常常居住在旧市场街。多次变换的住所之一海里根施塔特贝多芬之家被作为纪念馆公开展示。

贝多芬之家
Pasqualatihaus 地图 p.26-B

■地铁U2号线Schottentor站下车后步行4分钟
■€4（每月第一个周日免费开放）开放时间10:00~13:00，14:00~18:00 周一休馆

弗朗茨·舒伯特

Franz Schubert (1797—1828年)

仅31岁的短暂生涯中，舒伯特作曲600首以上，作为"作曲之王"被人们熟知。维也纳市内的住所被作为纪念馆开放。

舒伯特肖像画

舒伯特之家
Schubert Geburtshaus 地图 p.25-C

■地铁U6号线Nussdorfer Strasse站下车后步行7分钟即是 ■€2（每月第一个周日免费开放）开放时间10:00~13:00，14:00~18:00 周一休馆

音乐协会金色大厅是众多音乐家梦寐以求的殿堂

音乐之都维也纳每年的九月到次年的六月都是音乐的季节，歌剧和演奏会一场接着一场，几乎每晚都有节目上演。另外，宫殿和教堂也频繁地举行演奏会。

歌剧 Oper

在维也纳，歌剧是最受欢迎的娱乐项目。歌剧的魅力是，即使语言不通的人，也能充分享受到音乐之美。歌曲和演奏，舞美、服装造型以及豪华的剧场和场内的气氛，将人们带入梦幻般的世界。歌剧在国家歌剧院表演。

维也纳国家歌剧院

维也纳最负盛名的社交场合，需要穿礼服出席。

用枝形吊灯装饰的豪华的观众席

大厅作为休息大厅使用

演奏会 Konzert

古典音乐会很盛行。演奏厅以维也纳爱乐乐团的常驻地金色大厅为首，还有维也纳交响乐团的常驻地协奏曲之家等演奏厅。除了演奏厅，宫殿和教堂也常常举行演奏会，其中，美泉宫几乎每天都演奏《我的橘园》。每年5~10月的周一、周三、周五、周六20:15开始，人们可以轻松享受在金色大厅和人民歌剧院内举行的莫扎特演奏会。

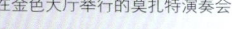

在金色大厅举行的莫扎特演奏会

轻歌剧 Operetta

形式与歌剧没什么不同，内容要素增多了，明快而具有滑稽讽刺内容的故事很多，因此观众可以享受较歌剧更为轻松的氛围。

人民歌剧院

为庆祝弗朗茨·约瑟夫皇帝在位50年而修建。演出以轻歌剧为中心，音乐剧、芭蕾舞等节目也时常上演。

人民歌剧院内经常上演歌剧

♪ 金色大厅

歌剧·音乐会欣赏

金色大厅

因举办新年前夜音乐会而著名。用金箔装饰的大厅黄金厅的音响效果在世界三大厅中名列前茅。

维也纳音乐厅
（地图p.27-L）

分大音乐厅、莫扎特厅、舒伯特厅等五个大厅使用。

购票方式

▼国内购票

■通过旅行社订票
通常情况下会收取部分手续费和消费税，比在维也纳购买贵些，但对游客来说是最快捷、最简单的购票方式，也最为方便。

■网上订票（提前三周）
维也纳国家歌剧院	■www.wiener-staatsoper.at
人民歌剧院	■www.volksoper.at
音乐协会	■www.musikverein.at
维也纳音乐厅	■www.konzerthaus.at

▼维也纳当地购票

国家歌剧院、人民歌剧院和城堡歌剧院的门票可在歌剧院西侧的售票处购买。可以提前购票，也可以当日购票。除此之外，还可在其他授权售票点购票。申布伦宫音乐会和教堂音乐会的门票均可当日购买。

维也纳大歌剧院

41

维也纳森林
Wienerwald

维也纳森林常常被认为是维也纳西北部的一座山丘，但实际上维也纳森林是环拥维也纳西侧的非常广阔的丘陵地带。维也纳森林的北部有格瑞金小镇、卡伦山和海利根施塔特，可以轻松地游览。

从卡伦山放眼望去的维也纳市和多瑙河

卡伦山
Kahlenberg

地图 p.42-A

■地铁U4号线海利根施塔特站下车，换乘巴士38A在卡伦山站下车

高484米的高而缓的山，山腰处有大片的葡萄田，从山顶可以俯瞰多瑙河和维也纳市的全貌。上山的途中有葡萄酒庄可以休息。

格瑞金小镇
Grinzing

地图 p.42-A ✳✳

■有轨电车38号线、巴士38A在格瑞金站下车

维也纳森林北部的村落，保留着古老的住宅和房屋，有很多由这样的房屋改造而成的"heurige 新酒酒庄"（可享用新葡萄酒的酒馆）。因为开在丘陵地带，很多酒庄巧妙利用地形，做成阶梯形，气氛独特。

海利根施塔特
Heiligenstadt

地图 p.42-B ✳

■地铁U4号线海利根施塔特站下车，换乘巴

维也纳森林
Wienerwald

0   5km

去往图伦方向

St. Andrä

沃登
Wördern

科恩堡
Korneuburg

克洛斯特新堡
Klosterneuburg

兰根茨斯多夫
Langenzersdorf

凯尼施特滕
Königstetten

一号迈耶·阿姆·姆沃尔高的莱酒庄 p.43

海利根施塔特 p.42
Heiligenstadt

p.42 卡伦山
Kahlenberg   484

Floridsdorf

格瑞金小镇 p.42
Grinzing

联合国城市
UNO-City

p.43 莱茵号莱希特酒庄p.43

盖布里茨
Gablitz

A

弗朗茨·约瑟夫车站
Franz Josefsbhf.

北站
Nordbhf.

多瑙施塔特
Donaustadt

普克斯多夫
Purkersdorf

去往佩尔滕方向

维也纳
Wien

中央站
Mittebbhf.

普特拉游乐场 p.39
Prater

Grosso
Enzersdorf

维也纳河
Wien

西站
Westbhf.

维也纳中央车站
Wien Hauptbhf.

维也纳河
Wien

p.38 美泉宫
Schloss Schönbrunn

席津
Hiezing

迈德林车站
Wien Meidling

马克思墓地
Sankt Marxer
Friedhof

西梅林
Simmering

多瑙河
Donau

去往布达佩斯方向

图尔恩鲍姆
Pressbaum

A1

A4

中央公墓 p.39
Zentralfriedhof

法沃里滕
Favoriten

施韦夏特
Schwechat

去往布达佩斯方向

珀希托尔斯多夫
Perchtoldsdorf

布伦
Brunn

弗森多夫
Vösendorf

维也纳国际机场（施韦夏特）
Flughafen Wien Schwechat

Wiener Hochstrasse

维也纳森林 Wiener Wald

士38A在Armbrustergasse站下车

■海利根施塔特遗书之家门票€2（每月第一个周一免费开放）开放时间10:00~13:00、14:00~18:00 周一休馆

海利根施塔特保留着贝多芬曾经居住过的3间房子。其中之一海利根施塔特遗书之家是贝多芬因听力病情恶化，于1802年写下遗书的家。遗书最终没有送出。贝多芬于1819年完全失去了听觉。贝多芬1817年在Pfam-platz2号居住了两个月左右的家，现在成了名为"Mayer am pfarrplats"的葡萄酒庄。另外，从有

贝多芬苦恼时写下遗书的家

轨电车D号线的中点往西走的小路被称为"贝多芬的林荫路"，路上放置着贝多芬的半身像。

吊着松树和冷杉的小树枝是有新酒的标志

维也纳森林
新酒酒庄

维也纳民乐乐团应要求演奏曲目

"Heurige"的意思是本年新酿造的红酒。可以品尝农家葡萄园酿造的新酒的店被称作"Heurigenloka"，在维也纳叫作Heurige，即新酒酒庄。当年酿造的红酒在每年11月11日的圣马丁日开封。

维也纳的Heurige新酒酒庄

维也纳森林山脚的村落小镇中开有很多家新酒酒庄。较为有名的当数海利根施塔特和格瑞金小镇。这些地方的新酒酒庄很多是从古老的住宅改造而成的，有很多有趣的建筑。新酒酒庄中维也纳民乐乐团用手风琴和吉他演奏着轻快的音乐，氛围十分融洽。

宽敞的中庭里聚集着喜欢红酒的客人

Heurige新酒酒庄的点餐体系

红酒等饮品在座位点餐，也在座位上结账；但食物在自助餐台选择，在自助餐台支付。料理基本上是冷食，主要有火腿、香肠和沙拉等。不同的店提供不同的系列，有的店也提供烤香肠和汤等简单的热菜，有的店也可在座位上点热菜。红酒一杯（250毫升）的价格是2.8欧元。

代表性的冷盘

格瑞金小镇

莱茵普莱希特酒庄
Reinprecht

地图p.42-A

英 人

交 巴士站格瑞金站下车后步行3分钟即是

☎ 32014710 🕐 15:30~24:00 休 全年无休

日落前维也纳民乐乐团会入场表演，气氛高涨。

海利根施塔特

迈耶·阿姆·普法尔普拉茨酒庄
Mayer am Pfarrplatz

地图p.42-B

英 人

🚌 巴士站Armbrustergasse站下车后步行3分钟即是

✉ Pfarrplatz2 ☎ 01-370-1287 🕐 16:00~24:00（5~9月的周六日及节假日12:00~24:00） 休 全年无休

贝多芬创作第九交响曲的地方，现在成为葡萄酒庄。

Eating 美食

奥地利料理（市立公园）

斯太雷雷科餐厅
Steirereck

地图 p.27-H　英🍴 英👤 预

🚇 地铁U4号线市立公园站下车后步行4分钟即是 ☎7133168 🍴 11:30~14:30、18:30~22:30 🛌周六日及节假日休息 💰€100~

在美丽的公园享用维也纳料理

作为维也纳最高级的餐厅被人所熟知，大众消费人群给出的评价也非常高。餐厅不拘泥于奥地利料理的传统，创造出了新的特色料理。

随着季节变化，向大家推荐鸭肉和羊肉料理。

法式料理（环城大道）

布里斯特尔餐厅
Bristol Lounge

地图 p.29-K　英🍴 英👤 预✈

🚇 有轨电车1、2、D号线Karntnerring/oper站下车后步行1分钟 ✉Mahlerstrasse 2 ☎51516546 🍴7:30~11:00、12:00~14:30、19:00~24:00 🛌全年无休 💰€100~

装饰派艺术风格的餐厅

布里斯特尔餐厅于2013年12月重新装修开业。室内采用实木做装饰，风格沉稳，搭配着闪耀的灯光，气氛热烈。

餐厅从早到晚供应自助餐，无论何时都可以享用美味的食物。

维也纳料理（环城大道）

埃斯特拉赫·伊姆·马克餐厅
Österreicher Im Mak

地图 p.27-H　英🍴 英👤

🚇 地铁U3号线Stubentor站下车即是 ✉Stubenring5 ☎714-0121 🍴10:00~次日1:00（用餐时间11:30~15:00、18:00~23:00） 🛌全年无休 💰€20~

由被誉为"味道魔术师"的主厨监督修建而成

餐厅在奥地利应用美术馆内部，进入美术馆就能看到。在明星主厨赫尔姆特·艾丝特拉伊谢监管下，餐厅形成了古典和现代感并重又色彩洋溢的风格，充满了艺术感。

维也纳料理（环城大道周边）

普拉赫塔餐厅
Plachutta

地图 p.27-G　英🍴 英👤 预

🚇 地铁U3号线Stubentor站下车后步行1分钟即是 ✉Wollzeille 38 ☎512-1577 🍴11:30~24:00 🛌全年无休 💰€40~

精煮牛肉专卖店

维也纳有名的料理店，精煮牛肉专营店。牛肉煮得很软，作料是苹果酱和西洋芥末，配菜选择菠菜和土豆。清淡的上脑价格是每份€18.8。

维也纳料理（环城大道周边）

梵迪戈餐厅
Fadinger

地图 p.26-B　英🍴 英👤 预

🚇 有轨电车2，D号线Borse站下车后步行3分钟 ✉Wipplingerstr. 29 ☎533-4341 🍴11:30~15:00、17:30~22:00 🛌周六的下午和周日 💰€30~

考究的味道让食客赞不绝口

餐厅在证券交易所附近，是鲜为人知的僻静场所。餐厅料理是考究的法式风格，味道自不用说，装盘也很美观。午餐3道菜18~23欧元，晚餐4道菜58欧元（2人份）。

维也纳的区号 ☎01

维也纳

维也纳料理（圣斯蒂芬广场周边）

祖玛·维森·拉赫凡·戈凯勒餐厅
Zum Schwarzen kameel

地图 p.29-C

🚇 地铁U3号线Herrengasse站下车步行4分钟 📮 ognergasse 5 ☎ 533-8125 🕐 8:30~24:00（用餐时间12:00~14:30、18:00~22:30）🚫 周日及节假日 💰 €40~

有快餐和咖啡的餐厅

　　餐厅别名"黑骆驼"。在这里品尝到典型的维也纳风味，早餐深受大家的好评。餐厅虽然装修风格高档，但也提供大众化的快餐和咖啡。

炸猪排（圣斯蒂芬广场周边）

菲格尔米勒餐厅
Figlmüller

地图 p.29-D

🚇 地铁U1、U3号线圣斯蒂芬广场站下车后步行3分钟 📮 Wollzeile 5a ☎ 512-6177 🕐 11:00~22:30 🚫 8月 💰 €20~

特大维也纳香肉排很有名

　　维也纳料理的传统食物是炸嫩牛肉排和维也纳香鸡排。1905年创始的这家店使用猪肉做主要食材，将220克重的猪肉拍打成比盘子还要大的薄片，炸制而成的肉排广受欢迎。

炸猪排（环城大道外侧）

维尔特炸猪排餐厅
Schnitzelwirt

地图 p.26-I

🚇 地铁U3号线Neubaugasse站下车后步行7分钟 📮 Neubaugasse 52 ☎ 523-3771 🕐 11:00~21:30 🚫 周日及节假日、7月中旬~8月中旬 💰 €15~

维也纳炸猪排专营店

　　店内有各种各样的肉排，便宜又好吃，且分量很足。食物可以外带，餐厅还提供塑料餐巾。炸猪排6.7欧元以上。

维也纳料理（圣斯蒂芬广场周边）

奥芬洛赫餐厅
Ofenloch

地图 p.29-C

🚇 U3号线Herrengasse站下车步行4分钟 📮 Kurrentgasse 8 ☎ 533-8844 🕐 10:00~24:00（用餐时间12:00~22:45）🚫 周日 💰 €25~

1704年作为啤酒店开业

　　格拉本北侧的每个小巷里都有历史感十足的餐厅，奥芬洛赫餐厅便是其中之一。店内装饰给人以古朴的维也纳的感觉。夏天的路边席位很有人气。店内匈牙利红烩牛肉13.5欧元，精煮牛肉18.5欧元。

穆勒拜斯（圣斯蒂芬广场周边）

穆勒餐厅
Müllerbeisl

地图 p.29-L

🚇 有轨电车2号线Weihburggasse站下车步行4分钟 📮 Seilerstätte 15 ☎ 5129347 🕐 9:00~次日2:00（用餐时间11:00~23:30）🚫 全年无休 💰 €26~

当地客人很多的餐厅

　　"拜尔斯"（Beisl）是一类专做维也纳传统料理的店铺。店内装饰使用老物件，历史感强烈，营造出一种很朴素的氛围。餐厅由于面积很小所以经常满员。香鸡排14.9欧元。

拜尔斯（圣斯蒂芬广场周边）

雷恩塔拉斯美食屋
Reinthalaer's Beisl

地图 p.29-G

🚇 地铁U1、U3号线圣斯蒂芬广场站下车后步行2分钟 📮 Dorotheergasse 4 ☎ 513-1249 🕐 11:00~23:00 🚫 全年无休 💰 €13~

当地人和游客络绎不绝

　　美食屋入口很窄，U字形店铺却一直延伸到里面。较好的地段加上适中的价格，美食屋早晚都是没有空座的拥挤场所。香鸡排9.8欧元。

英 提供英语菜单　英 提供英文服务　预 须提前预约　🗹 须穿正装

45

维也纳料理（圣斯蒂芬广场周边）

罗森伯格市场餐厅
Rosenberger

地图 p.29-K 　　　　　　　　　　英👤

🚃 有轨电车1、2、D号线Karntnerring/oper站下车后步行2分钟 ✉ Maysedergasse ☎ 512-3458 🕐 7:30~22:00（用餐时间10:30~） 休 全年无休 💰 €15~

便捷的自助餐厅

　　餐厅摆放着从前菜到甜品的各种菜品。大约20种类别的沙拉吧台3.7欧元起，主餐台8.8欧元起。

啤酒店（霍夫堡宫）

植物园啤酒屋
Palmenhaus

地图 p.28-F 　　　　　英👤 英👤

🚃 有轨电车1、2、D号线Bueggarten下车后步行2分钟 ✉ Burggarten1 ☎ 533-1033 🕐 10:00~24:00（周五、周六~次日1:00），周日、节假日~23:00） 休 1~2月的周一、周二 💰 €15~

温室般的啤酒店

　　啤酒屋在霍夫堡宫庭院的北端。房顶很高，明亮的室内放置着热带植物，像温室一样。店内有鱼料理、意大利面和各种小食品可以享用，装盘也很时髦。

日本料理（圣斯蒂芬广场周边）

天满屋餐厅
Tenmaya

地图 p.29-K 　　　　　　英👤 预

🚃 有轨电车1、2、D号线Karntnerring/oper站下车后步行3分钟 ✉ Krugerstrasse 3 ☎ 512-7397 🕐 12:00~15:00、17:00~23:00 休 全年无休 💰 €35~

座席充足、菜品丰富的餐厅

　　餐厅有单间和适合团队用的座位。夏天还准备了大街上的露天席位。白天中午的盒饭和晚上的天满屋饭很有人气。价格合适的荞麦面和迷你牛肉面套餐也很有人气。

葡萄酒窖（圣斯蒂芬广场周边）

爱斯特哈泽葡萄酒窖
Esterházykeller

地图 p.28-B 　　　　　英👤 英

🚃 地铁U3号线Herrengasse站下车后步行3分钟 ✉ Haarhof 1 ☎ 533-3482 🕐 11:00~23:00（周六日及节假日16:00~） 休 全年无休 💰 €15~

海顿经常出入的历史悠久的葡萄酒窖

　　酒窖于17世纪始创，是匈牙利的著名贵族——艾斯特哈吉家族的建筑物。在这里可以品尝到艾斯特哈吉家族酿造所酿造出的红酒，以及新葡萄酒套餐。

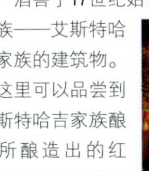

葡萄酒窖&西餐馆（霍夫堡宫）

奥古斯丁葡萄酒庄
Augustinerkeller

地图 p.28-F

🚃 地铁U1、U2、U4号线卡尔广场站下车后步行5分钟 ✉ Augstinerstrasse 1 ☎ 5331026 🕐 11:00~24:00（周六~次日1:00） 休 全年无休 💰 €10~

利用曾经的修道院来典藏红酒

　　阿尔贝蒂娜地下一家历史悠久的酒庄。酒庄内几乎每晚都有音乐演奏。

葡萄酒屋（圣斯蒂芬广场周边）

基格酒窖
Gigerl

地图 p.29-H

🚃 地铁U1、U3号线圣斯蒂芬广场站下车后步行4分钟 ✉ Blumenstock Gasse 2 ☎ 513-4431 🕐 15:00~次日1:00（周六11:00~次日2:00） 休 全年无休 💰 €10~

市区内的珍贵葡萄酒屋

　　酒屋内收罗了与红酒相配的各种料理。周六、周日19点开始，维也纳民乐乐团开始在店内演奏。

维也纳

咖啡店（环城大道周边）

维也纳萨赫咖啡厅
Café Sacher Wien
地图 p.29-K　　　　　　　　　英■ ■ 英■

🚃 有轨电车1、2、D号线Karntnerring/oper站下车后步行1分钟　✉ Philharmonikerstrasse 4
☎ 51-456661　🕐 8:00~24:00　休 全年无休

萨赫蛋糕很有名

咖啡厅位于萨赫酒店里。使用深红、纯白和金色装饰的咖啡厅气氛优雅。有生奶油的夹着杏仁酱的巧克力蛋糕萨赫蛋糕很有名，价格是每份4.9欧元。

咖啡店（圣斯蒂芬广场周边）

德梅尔咖啡厅
Demel
地图 p.28-B　　　　　　　　　英■ ■ 英■

🚇 地铁U3号线Herrengasse站下车后步行3分钟　✉ Kohlmarkt　14　☎ 535-1717
🕐 9:00~19:00　休 全年无休

蛋糕种类之多在维也纳首屈一指

咖啡厅内蛋糕种类繁多又好吃。在哈布斯堡时代，该店铺是皇室的御用店，得到了弗朗茨·约瑟夫皇帝的偏爱。咖啡厅创始以来已有200年的历史，当地常客非常多。店内有特产专柜，售卖萨赫巧克力蛋糕。

咖啡店（霍夫堡宫周边）

中央咖啡馆
Café Central
地图 p.28-B　　　　　　　　　英■ ■ 英■

🚇 地铁U3号线Herrengasse站下车后步行2分钟　✉ Herrengasse 14　☎ 533-3764　🕐 7:30~22:00（周日及节假日10:00~）　休 全年无休

深受艺术家喜爱的传统咖啡店

这是1876年利用费尔斯特宫殿的一部分创始而成的咖啡馆，被很多文化人和政治家喜爱，作家艾腾贝格的人形玩偶现在还坐在桌边一角。

咖啡店（圣斯蒂芬广场周边）

莫扎特咖啡屋
Café Mozart
地图 p.29-K　　　　　　　　　英■ ■ 英■

🚃 有轨电车1、2、D号线Karntnerring/oper站下车后步行2分钟　✉ Albertinaplatz 2　☎ 24100-200　🕐 8:00~24:00　休 全年无休

漫步克恩滕大街时的歇脚地

咖啡屋在国家歌剧院的背面，曾在电影《第三个男人》中登场。咖啡屋提供的早餐和午餐菜品丰富。

咖啡店（环城大道周边）

兰多曼咖啡厅
Café Landtmann
地图 p.26-F　　　　　　　　　英■ ■ 英■

🚇 地铁U2号线Schottentor站下车后步行2分钟　✉ Dr.Karl Lueger Ring 4　☎ 24100-100　🕐 7:30~24:00　休 全年无休

当地粉丝众多的19世纪老店

咖啡厅位于城堡剧场的旁边，可以在店内放松地享用午餐。

📖 **小知识**

萨赫蛋糕到底出自谁之手？

萨赫蛋糕是1832年法兰兹·萨赫研究而成的巧克力蛋糕。

最早的制作方法是绝密的，后来因萨赫的儿子和迪梅尔的女儿结婚，此秘方传给了迪梅尔，自那时起迪梅尔也制作萨赫蛋糕出售。

愤怒的萨赫提出诉讼，经过长期的争斗，萨赫获得了商标权。从此大家开始做自己的萨赫蛋糕，老字号的萨赫蛋糕是圆形的标志，而迪梅尔的萨赫蛋糕印有三角形的标志。

萨赫的萨赫蛋糕

迪梅尔的萨赫蛋糕

Shopping 购物

陶瓷器（圣斯蒂芬广场周边）

奥格腾
Augarten

地图 p.29-C　　　　　　　　　　英👤

🚇 地铁U1、U3号线圣斯蒂芬广场站下车后步
行1分钟　📩 Spiegelgasse 3　☎ 512-1494
🕙 10:00~18:00　🚫 周日、节假日

奥地利的名店

　　奥格腾收集
摆放着充满历史
感与传统色彩的
陶瓷器。照瓷器
的图案加工的胸
针等首饰作为特
产深受好评。白
色背景下画一朵蔷薇的"维也纳的蔷薇"
系列的胸针和项链是卖得最好的商品。

水晶（克恩滕大街）

施华洛世奇
Swarovski

地图 p.29-G　　　　　　　　　　英👤

🚇 地铁U1、U3号线圣斯蒂芬广场站下车后步行2分钟
📩 Kärntner Strasse 8　☎ 512-9032　🕙 10:00~19:00
（周六、周日~18:00）　🚫 无休

令人目眩神迷的水晶专营店

　　漂亮的水晶店内有很多可爱的水晶
动物的摆件。
另外在Karntner
Strasse24也有一
家连锁店，售卖
各种小物件。

宝石（圣斯蒂芬广场周边）

科雪
Köchert

地图 p.29-G　　　　　　　　　　英👤

🚇 地铁U1、U3号线圣斯蒂芬广场站下车后步行4分钟
📩 Neuer Markt 15　☎ 512-5828　🕙 10:00~18:00
（周六~17:00）　🚫 周日、节假日

哈布斯堡家族御用的宝石店

　　伊丽莎白皇妃穿着白色晚宴服饰的肖
像画中，头发上戴着的宝石饰品就是在
kochert（科雪）制作的。如今这款宝石

饰品是热销的茜茜公
主系列饰品的一种。
其他点缀着小星星的
红宝石和蓝宝石等首
饰也在热卖中。

工艺品（圣斯蒂芬广场周边）

费威尔工艺品店
Frey Wille

地图 p.29-G　　　　　　　　　　英👤

🚇 有轨电车1、2、D号线Karntnerring/oper站下车
后步行4分钟　📩 Lobkowitzplatz 1　☎ 513-8009
🕙 10:00~19:00（周六~17:00）　🚫 周日、节假日

代表维也纳的铜胎掐丝珐琅工艺品

　　店内工艺品多以克里姆特等人的有名
画作为主题设计而成，以维也纳的新艺术
风格为其特征。因使
用黄金而价格很高，
但色彩感极佳，真
实感的维也纳画风
和设计使其非常有
人气。

刺绣制品（霍夫堡宫）

玛利亚·肖特兰斯基商店
Maria Stransky

地图 p.28-F　　　　　　　　　　英👤

🚇 地铁U3号线Herrengasse站下车后步行4分钟
📩 Hofburg-passage 2　☎ 533-6098　🕙 9:00（周日
10:00）~18:00（周六、周日~17:00）　🚫 全年无休

诞生于宫廷的刺绣品

　　店内摆放着从首饰到包
等各种各样的精细手工刺绣
作品。刺绣品仅2.5平方厘米
中就有很多的针脚，看起来
十分豪华。胸针23欧元起。

工艺品（克恩滕大街）

罗贝麦尔商店
Lobmeyr

地图 p.29-G　　　　　　　　　　英👤

🚇 地铁U1、U3号线圣斯蒂芬广场站下车后步行
5分钟　📩 Kärntner Strasse26　☎ 512-05080
🕙 10:00~19:00（周六~18:00）　🚫 周日、节假日

收藏赫伦瓷器的工艺品店

　　店内收藏品丰

富，从古典的雕花玻璃到现代的艺术玻璃，有各种设计精良的工艺品，还有源自哈布斯堡家族地下室的赫伦瓷器。

工艺品（克恩滕大街）

奥地利工坊
Österreichische Werkstätten
地图 p.29-G　　　　　　　　　英👤

🚇 地铁U1、U3号线圣斯蒂芬广场站下车后步行1分钟　✉ Kärntner Strasse 6　☎ 512-2418　🕐 10:30~18:30（周六10:00~18:00）　🚫 周日、节假日

装饰风艺术的崭新设计使人眼前一亮

奥地利工坊收集了众多装饰风艺术风格的设计师的作品，还收集了首饰和丝巾等19~20世纪前半叶的设计品以及以穆夏和克里姆特作品为主题的工艺品。

综合特产店（环城大道周边）

华尔兹商铺
Waltz
地图 p.29-K　　　　　　　　　英👤

🚇 地铁U1、U2、U4号线卡尔广场站下车后步行3分钟　✉ Kärntner Strasse 46　☎ 586-9171　🕐 9:30~18:30（周六~17:00）　🚫 全年无休

名牌综合特产店

莫扎特巧克力，茜茜公主喜欢的甜堇花，各种有名的特产店内有很多。石盐和Walts农场的无农药制品很有人气。

音乐关联产品（克恩滕大街）

阿尔卡迪亚
ARCADIA
地图 p.29-K　　　　　　　　　英👤

🚇 有轨电车1、2、D号线Karntnerring/oper站下车后步行1分钟　✉ Kärntner Strasse 40　☎ 513-9568　🕐 9:30~19:00（周日10:00~）　🚫 全年无休

在这里购买与音乐相关的产品

商店在国家歌剧院的一楼。店内除音乐CD之外，还出售以音乐家和乐器为设计主题的T恤和文具等商品。店铺陈列架上罗列着很多小物件。

巧克力（圣斯蒂芬广场周边）

阿尔特曼
Altmann & Kühne
地图 p.29-C　　　　　　　　　英👤

🚇 U1、U3号线圣斯蒂芬广场站下车即是　✉ Graben30　☎ 533-0927　🕐 9:00~18:30（周六10:00~17:00）　🚫 周日、节假日

巧克力专卖店

商店始创于1928年。维也纳工坊设计的店铺装修风格十分卡通，产品包装像玩具盒一般可爱。在抽屉式的小盒子里放的巧克力非常有人气。

巧克力

肖克拉德巧克力店
Wiener Schokolade König
地图 p.29-C　　　　　　　　　英👤

🚇 地铁U3号线Herrengasse站下车后步行4分钟　✉ Freisingergasse 1　☎ 533-32-19　🕐 10:00~19:00（周六~18:00）　🚫 周日、节假日

品位特别的巧克力店

原本是1844年创始的皇家御用纽扣店，2004年改装成巧克力店。店铺保留了原来的样子，曾经的木制棚子里陈列着纽扣形状的巧克力和珠宝样式的糖果。

💬 **导游建议**

在超市买特产

大量买特产的话，推荐去超市。莫扎特巧克力的果酱等特产在"Melcure""Corso""spar"这些超市能买到。格拉本的"Julius Meinl"出售自己公司生产的咖啡豆和果酱等特产。

Stay 住宿

歌剧院周边

维也纳帝国酒店
Hotel Imperial Vienne
地图 p.29-L　★★★★★

交 乘坐有轨电车1、2、D号在Schwarzenbergplatz站下车即是
✉ Kärntner Ring 16
☎ 501-100　FAX 501-10-410
金 S€341~、D€341~　室 138
HP www.luxurycollection.com/imperial

维也纳格兰德大酒店
Grand Hotel Wien
地图 p.29-K　★★★★★

交 乘坐有轨电车1、2、D号在Kärntner Ring/Oper 站下车，步行2分钟
✉ Kärntner Ring 9
☎ 515-800　FAX 515-1313
金 S€360~、D€410~　室 205
HP www.grandhotelwien.com

维也纳布里斯特尔酒店
Hotel Bristol Vienna
地图 p.29-K　★★★★★

交 乘坐有轨电车1、2、D号在Kärntner Ring/Oper 站下车，步行2分钟
✉ Kärntner Ring 1
☎ 515-160　FAX 515-16-550
金 S€251~、D€251~　室 140
HP www.luxurycollection.com/bristol

维也纳萨赫大酒店
Hotel Sacher Wien
地图 p.29-K　★★★★★

交 乘坐有轨电车1、2、D号在Kärntner Ring/Oper 站下车，步行2分钟
✉ Philharmonikerstrasse 4
☎ 514-56　FAX 514-56-810
金 S€325~、D€385~　室 149
HP www.sacher.com

维也纳丽思卡尔顿大酒店
The Ritz-Carlton Vienna
地图p.29-L　★★★★★

交 乘坐U1、U2号线在Karsplatz站下车，步行6分钟
✉ Shubertring5-7
☎ 31188　FAX 31188-889
金 T €357~　室 202
HP www.ritzcarlton.com

维也纳艾美酒店
Le Meridien Vienna
地图 28-J　★★★★★

交 乘坐有轨电车1、2、D号在Kärntner Ring/Oper 站下车，步行1分钟
✉ Opernring 13
☎ 588-900　FAX 588-9090-90
金 S€200~、D€200~　室 294
HP www.lemeridien.com

环城大道内侧

维也纳柯堡宫殿酒店
Palais Coburg
地图 p.29-H　★★★★★

交 乘坐有轨电车2号线在Weihburggasse 站下车，步行1分钟
✉ Coburgbastei 4
☎ 518-180　FAX 518-181
金 €670~　室 34
HP www.palais-coburg.com

索菲特维也纳史蒂芬顿大酒店
Sofitel Vienna Stephansdom
地图 p.27-D　★★★★★

交 乘坐U1、U4号线在瑞典广场站下车，步行1分钟
✉ Praterstrasse1
☎ 906-160　FAX 906-1620-00
金 S€220~、D€270~　室 182
HP www.sofitel.com

国宾酒店
Hotel Ambassado
地图 p.29-G　★★★★★

交 乘坐地铁U1、U3号线在Stephansplaz 站下车，步行2分钟
✉ Kärntnerstrasse 22
☎ 961-610　FAX 513-2999
金 S€279~、D€353~　室 89
HP www.ambassador.at

奥地利酒店
Hotel Astoria
地图 p.29-K　★★★★

交 乘坐有轨电车1、2、D号线在Kärntnerring 站下车，步行4分钟
✉ Kärntner Strasse 32-34
☎ 515-77　FAX 515-77582
金 S€140~、D€140~　室 128
HP www.austria-trend.at/hotel-astoria

维也纳欧洲大酒店
Hotel Europa Wien
地图 p.29-G　★★★★

交 乘坐有轨电车1、2、D号在Kärntnerring 站下车，步行4分钟
✉ Kärntner Strasse 18
☎ 515-94　FAX 515-94-620
金 S€140~、D€140~　室 160
HP www.austria-trend.at/hotel-europa-wien

雷吉纳酒店
Hotel Regina
地图 p.26-B　★★★★

交 乘坐地铁U2号线在Schottentor 站下车，步行4分钟
✉ Rooseveltplatz 15
☎ 404-460　FAX 408-8392
金 S€140~、D€140~　室 148
HP www.kremslehnerhotels.at

50　　□卫星转播信号　➤室内游泳池　大健身房　🛒购物中心

维也纳

环城大道周边

维也纳希尔顿广场大酒店
Hilton Vienna Plaza Hotel
地图 p.26-B　★★★★★
- 交 乘坐有轨电车1、2、D号线在Börse下车，步行2分钟
- ✉ Schottenring 11
- ☎ 313-900　FAX 313-9022009
- 金 S€139~、D€139~　室 222
- HP www.hilton.at/wienplaza

法国大酒店
Hotel de France
地图 p.26-B　★★★★★
- 交 乘坐地铁U2号线在Schottentor 站下车即是
- ✉ Schottenring 3
- ☎ 313-680　FAX 319-5969
- 金 S€150~、D€150~　室 195
- HP www.hoteldefrance.at

维也纳万豪酒店
Vienna Marriott
地图 p.29-H　★★★★★
- 交 乘坐有轨电车1、2号线在Weihbur ggasse站下车即是
- ✉ Parkring 12a
- ☎ 515-180　FAX 515-186-736
- 金 S€189~、D€189~　室 323
- HP www.viennamarriott.com

维也纳洲际大酒店
Inter-Continental Wien
地图 p.27-L　★★★★★
- 交 乘坐地铁U4号线在Stadtpark站下车即是
- ✉ Johannesgasse 28
- ☎ 711-220　FAX 713-4489
- 金 S€188~、D€200~　室 458
- HP www.ichotelsgroup.com

环城大道外侧

奥地利阿纳纳斯时尚酒店
Austoria Trend Hotel Ananas
地图 p.25-K　★★★★
- 交 乘坐地铁U4号线在Pilgramgasse站下车，步行1分钟
- ✉ Rechte Wienzeile 93-95
- 54620　FAX 5454242
- 室 522　金 T €85~
- HP www.austria-trend.at/hotel-ananas-wien

宫廷酒店
Top Falkensteiner Hotel Palace
地图 p.25-K　★★★★
- 交 乘坐地铁U4号线在Pilgramgasse站下车，步行5分钟
- ✉ Margaretenstrasse 92
- ☎ 546-860　FAX 546-86160
- 金 S€95~、D€129~
- HP 117　www.falkensteiner.com/palace

库默尔酒店
Hotel Kummer
地图 p.26-I　★★★★
- 交 乘坐地铁U3号线在Neubau gasse站下车即是
- ✉ Mariahilfer Strasse 71a
- ☎ 588-950　FAX 588-95-830
- 金 S€120~、D€155~　室 95
- HP www.hotelkummer.at

一号汽车旅馆
Motel One
地图 p.24-F　★★★
- 交 乘坐S、U6、U3在Westbahnhof站下车即是
- ✉ Europaplatz 3
- ☎ 359-350　FAX 359-3510
- 金 S€71~、D€84~　室 438
- HP www.motel-one.com

阿克泰尔文贝格尔酒店
Arcotel Wimberger
地图 p.24-F　★★★★
- 交 从地铁Westbahnhof站步行5分钟
- ✉ Neubaugurtel 34-36
- ☎ 521-65-0　FAX 521-65-833
- 金 S€72~、D€72~　室 225
- HP www.arcotelhotels.com

美泉宫公园酒店
Parkhotel Schönbrunn
地图 p.24-I　★★★★
- 交 乘坐地铁U4号线在Hiezing站下车，步行3分钟
- ✉ Hiezinger Hauptstrasse 10-14
- ☎ 87-804-0　FAX 87-804-630
- 金 S€105~、D€145~　室 314
- HP www.austria-trend.at/paw

希尔顿维也纳多瑙河海滨酒店
Hilton Vienna Danube WaterFront Hotel
地图 p.25-H　★★★★
- 交 乘坐有轨电车21号线在Meiereistrasse 站下车，步行3分钟
- ✉ Handelskai 269
- ☎ 727-770　FAX 727-77-82200
- 金 S€105~、D€105~　室 367
- HP www.hilton.at/wiendanube

贝尔维尤酒店
Hotel Bellevue
地图 p.25-C　★★★
- 交 位于弗朗茨·约瑟夫火车站旁边
- ✉ Althanstrasse 5
- ☎ 313-480　FAX 313-48-801
- 金 S€100~、D€100~　室 160
- HP www.hotelbellevue.at

🍴 餐厅　☕ 咖啡厅　🛎 商务中心

51

多瑙河沿岸巡游
瓦豪河谷

乘船环游梅尔克

多瑙河全长2826千米，其中全长的八分之一即360千米流向奥地利。被录入世界遗产的瓦豪河谷连接着梅尔克到克雷姆斯这一段长达36千米的河流，是多瑙河流域最美的一段。河道上游是一片片连绵起伏的葡萄园。险峻的山顶屹立着修道院和古城堡。游客可以下船，去红酒的产地品尝当地的红酒，也可以访问修道院和古城，倾听当地古老的传说。游客可以选择从维也纳出发的观光巴士和邮轮套餐，便捷地享受顺河漂流的有趣旅程。

梅尔克 Melk

位于多瑙河流域瓦豪河谷上游的出发地。这座保留着昔日文艺复兴时期风采的小镇，有可以俯瞰多瑙河风貌的宏伟的修道院梅尔克修道院。

从梅尔克修道院俯瞰梅尔克小镇

阿格斯巴赫小镇

维伦多夫
Willendorf

阿格斯巴赫
Aggsbach

Donau

梅尔克
Melk

美陵堡
Schloss Schönbühel

梅尔克修道院 Stift Melk

屹立于多瑙河岸边的神圣小城堡

11世纪末修建的本笃会修道院。18世纪的再次修建使中世纪的古典氛围消失。但是，修道院鲜明的黄色外观和东面的建筑使它像宫殿一样气派。第11展室"皇帝之室"展示着各种美

瓦豪河谷最大的看点——梅尔克修道院

美陵堡

Schloss Schönbühel
洋葱形状屋顶的建筑是钟楼

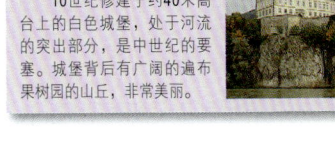

10世纪修建于约40米高台上的白色城堡，处于河流的突出部分，是中世纪的要塞。城堡背后有广阔的遍布果树园的山丘，非常美丽。

术品，第4展室展示作品有《梅尔克的十字架》，另外被称为"大理石之室"的大屋以及收藏10万册图书和2000本手写本图书的图书馆也是较大看点。

维也纳

维伦多夫
Willendorf

1909年在这里发现了11厘米的小小的雕像，雕像被视为旧石器时代富饶的标志，称为"维伦多夫的维纳斯"。

斯皮茨 Spitz

在多瑙河左岸，河岸边陡峭的斜坡上覆盖着一片片的葡萄园。葡萄园上有hinterhaus城的废墟。

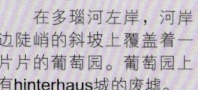

有广阔葡萄园的斯皮茨

杜伦斯坦
Dürnstein

杜伦斯坦有被誉为"狮心王"的英格兰国王理查一世被囚禁的城堡库恩格尔城堡，不过现在城堡已经成为废墟。杜伦斯坦不大，徒步30分钟可以登上小山丘。小镇保留着许多16世纪中世纪时期的可爱的房屋建筑，到处分散着葡萄酒庄，可以尽享当地的红酒。

斯皮茨 Spitz
杜伦斯坦 Dürnstein
克雷姆斯 Krems
多瑙河
施瓦伦巴赫 Schwallenbach
阿格斯泰恩 Aggstein

阿格斯泰恩城堡
Aggsteina

位于河流的最窄处，可以看到右岸山顶上美丽的剪影古城。13世纪末城堡被破坏，15世纪经盗贼骑士之手再建，但后来被土耳其军队再次破坏，变成了废墟。

杜伦斯坦小镇上林立的古老房屋

克雷姆斯 Krems

克雷姆斯小镇是多瑙河游览行程中的必经之地，古老的房屋林立，盛产红葡萄酒。位于广阔葡萄园包围中的小镇风景非常美丽。克雷姆斯历史博物馆展示着绘画作品、历史文献以及与红酒相关的展品。

瓦豪河谷一日游

参观完梅尔克修道院之后，可以选择乘船去往克雷姆斯。梅尔克与克雷姆斯之间的船次较多。

从萨尔茨堡前往维也纳途中会经过瓦豪河谷。乘坐维也纳观光船只可以在一天之内逛完梅尔克、杜恩施泰因、克雷姆斯等景点。可以报名参加一日游旅行团，团内会有

乘观光船巡游非常方便

说英语、汉语的导游。旅行团费约€150（免费提供午餐），旅行时间为8小时。

53

萨尔茨堡
SALZBURG

地图p.6-F

萨尔茨堡位于萨尔察赫河畔，是历史上以产盐而致富的城市，后作为天主教大主教领地而繁荣，如今城内屹立着中世纪的大城堡。作为音乐之城，萨尔茨堡因莫扎特和萨尔茨堡音乐节而被人所熟知。

萨尔茨堡巍峨矗立在萨尔察赫河岸

ACCESS 到达萨尔茨堡的交通方式
飞机 ▶ 可搭乘从维也纳飞往欧洲主要城市的航班。铁道 ▶ 从维也纳出发约3小时，慕尼黑出发约1.5小时到2小时。

ℹ️ **游客服务中心**
萨尔茨堡中央站内：9:00~18:00
莫扎特广场：9:00~18:00（6月~18:30，7、8月~19:00） 周日休息

城市概览

萨尔茨堡又称盐城，古罗马时代开始采集石盐。7世纪后成为天主教大主教领地，之后作为大主教的城市发展起来。16世纪末米拉贝尔宫建成，城市更美了。18世纪主教宫建成，萨尔茨堡迎来了新时代。

萨尔茨堡现在是奥地利仅次于维也纳的人气观光城市。是莫扎特出生的城市，作为举行"萨尔茨堡音乐节"的音乐之城非常出名。

观光亮点

萨尔茨堡被萨尔察赫河一分为二，河的左岸是老城区，右岸是新城区。老城区的历史地区被认定为世界遗产。

莫扎特广场上坐落着莫扎特的雕像

◆景点遍布的萨尔茨堡

老城区景点众多，先参观位于粮食街的莫扎特故居，再绕过主教宫广场到达莫扎特广场；城区南侧的高台上屹立着霍亨萨尔茨堡。新城区最大看点是米拉贝尔宫，美丽的庭院就值得驻足。

◆萨尔茨堡的名产

萨尔茨堡是莫扎特巧克力蛋糕的发祥地；石盐作为名产是最合适的旅游纪念品了。

◆萨尔茨堡的祭典

每年7月末到8月举行的萨尔茨堡音乐节举世闻名。

市内交通

老城区集中了许多景点，景点大多相距较近，步行观光较为适合。从电车站坐巴士在新城区和老城区之间移动。

出租车 Taxi

起步价是€3.1，中央电车站到老城区中心大概要€9~10。

巴士/无轨电车 Autobus/Obus

中央站前设有巴士站站，还有售票机。无轨电车只来往于城市中心，巴士路线向郊外延伸。单次票€1.9（车内购票€2.3）。

萨尔茨堡的区号 ☎0662

Sightseeing 观光

老城区和新城区
Die Altstadt & Newstadt

老城区位于萨尔察赫河南侧，交通工具只有观光马车和自行车，大多数人都是徒步逛街。观光地点主要集中在老城区，新城区的主要景点是米拉贝尔宫宫殿及其庭院。

莫扎特广场
Mozartplatz

地图 p.55–F　✿✿✿

■从中央车站打车约10分钟

广场的中央矗立着莫扎特的铜像，是莫扎特的两个儿子合力建成的，建成时举行了揭幕仪式。

广场东面的巴巴基诺广场有喷泉，还立有歌剧《魔笛》中的喂鸟人巴巴基诺的小小的雕像。

广场南侧是萨尔茨堡博物馆（地图p.79–F），在馆内可以参观大司教使用过的房间。

主教宫
Residenz

地图 p.55–F　✿✿

■从莫扎特广场步行2分钟即是　■费用€9 10:00~17:00　全年无休（主教宫美术馆每周一休馆）

萨尔茨堡是大主教的领地，无论是宫殿还是山丘上的城市都曾经是大主教的住所。主教宫始建于16世纪，由欲将萨尔茨堡打造成"北方的罗马"的沃尔夫·迪特里希·冯·莱登瑙设计修建，之后在18世纪完成。如今被辟为博物馆，可以参观多间豪华的房间。会议室Konferenzsaal是年轻的莫扎特多次指挥演奏的地方。旁边的主教宫美术馆内展示着16~19世纪的画作，

莫扎特指挥用的会议室

其中不可错过的是鲁本斯和布吕赫尔的作品。

大教堂
Dom

地图 p.55–F　✿✿✿

■从莫扎特广场步行2分钟即是　■大教堂博物馆€6　开放时间10:00~17:00（周日及节假日11:00~18:00）　做弥撒的中心不可以参观

大教堂在16世纪被烧毁，1614年再建，整体风格呈现后期文艺复兴建筑风格和新文艺复兴建筑风格的混搭。左右对称的两座塔高80米。宽敞的教堂内堆满了大理石装饰和画作。入口的铜门处从左至右悬挂着20世纪有名的作品《信仰》《爱》《希望》。大教堂拥有最好规模的管风琴；莫扎特在这个教堂接受洗礼，并于1779年开始在这里做手风琴演奏者。

大教堂的广场从1920年开始演奏霍夫曼斯塔尔的戏曲《耶德曼》；这里每年还会举办萨尔茨堡音乐节。

华丽的大教堂内部

节庆大剧院
Festspielhaus

地图 p.55–E　✿✿

■从莫扎特广场步行8分钟即是　■€6　导游讲解9:30、14:00、15:30（7、8月），14:00、15:30（6月和9月），14:00（10月~次年5月）

萨尔茨堡音乐节的主会场。由大剧场、小剧场和用僧侣山的岩石建成的夏季骑术学校3部分组成。

在剧场内跟随导游参观

萨尔茨堡

装饰有精美壁画的洗马池

洗马池
Pferdeschwemme

地图 p.55-E　✱

■从莫扎特广场步行7分钟即是

位于节庆大剧院的西侧，僧侣山的山脚。洗马池有用岩石筑成的马厩，是为了喂养130头马而筑造的，装饰着美丽的以马为主题的壁画。

提线木偶剧场
Marionettentheater

地图 p.55-C　✱✱

■从莫扎特广场步行10分钟即是
■€18~35　10月~次年4月期间除了正月都休馆

1913年建造的有名的提线木偶剧场。巴洛克式风格的美丽剧场，上演着莫扎特的歌剧以及《音乐之声》等节目。

歌剧《魔笛》中的夜之女王

圣彼得教堂
Stiftskirche St.Peter

地图 p.55-E　✱✱

■从莫扎特广场步行5分钟　■地下墓地€1.5
10:30~17:00（10月~次年4月的周三、周四~15:30，周五~周日~16:00）　周一休息（10月~次年4月周一、周二休息）

1127年始建时的罗马式艺术风格基本已经看不到了，现在看到的都是17~18世纪改建的巴洛克式风格建筑。教堂附属墓地是在僧侣山挖出的地下墓地，用美丽的铁栅栏隔开。

充满魅力的圣彼得教堂的墓地

粮食街
Getreidegasse

地图 p.55-E　✱✱✱

■从莫扎特广场步行4分钟即是

地处老城区的繁华的街道。细长的街道两旁林立着五六层高的建筑。铁制的商店看板一直延伸到街道尽头，不失为一大看点。有时间的话不妨进老店里逛逛、看看淘淘宝。

铁制的看板

莫扎特故居
Mozarts Geburtshaus

地图 p.55-E　✱✱✱

■从莫扎特广场步行5分钟即是　■€10（包括莫扎特之家在内的通票€17）　开放时间9:00~17:30（7、8月份~20:00）

1756年1月27日莫扎特在这里出生。这里除展示着莫扎特幼年时使用的小提琴、键盘乐器和乐谱外，还展示着莫扎特的肖像画和他的很多信件。

莫扎特幼年时使用的小提琴

📖 **小知识**

萨尔茨堡音乐节

由诗人霍夫曼斯塔尔和作曲家、演出家们倡导的歌颂莫扎特的音乐节，1920年正式开始举行。每年七月下旬到八月末在节庆大剧院和米拉贝尔宫举行。演奏曲目不只局限于莫扎特作品，还演奏很多有名的古典音乐。卡拉扬担任指挥30多年。演奏会门票于前一年的11月开始出售，于当年1月初截止售票。
萨尔茨堡音乐节网址
HP www.salzburgerfestspiele.at

57

建于山巅的霍亨萨尔茨堡要塞

霍亨萨尔茨堡
Festung Hohensalzburg

地图 p.55-F ✳✳✳

■从莫扎特广场步行5分钟后坐缆车到山顶，然后步行6分钟　■€7.8（包含缆车票€11）　9:30~17:00（5月~9月~19:00）

耸立在120米高的山巅的城堡。当初是大主教格博哈德为隐居而于1077年主持修建的，后又经过反复扩建，成为备战的城堡。城堡内部有奢华的黄金屋和仪式间，有中世纪的拷问室和被称为"公牛"的管风琴（1502年）等。另外，在城堡要塞眺望能览尽城市街道的风光，场面壮观。

农贝格女修道院
Stift Nonnberg

地图 p.55-F ✳✳

■从莫扎特广场步行10分钟
■7:00~日落（夏季~19:00）

主祭坛的装饰屏风

修道院于714年建成，是德语圈内最古老的女子修道院。修道院内部不开放，但可以参观附属的教会。曾经在电影《音乐之声》中作为玛利亚的修道院出现。

莫扎特之家
Mozart-Wohnhaus

地图 p.55-C ✳✳

■从莫扎特广场步行10分钟
■€10（包含莫扎特故居的通票€17）　开放时间9:00~17:30（7、8月~20:00）　全年无休

1773年到1787年莫扎特一家在这里居住，在此期间莫扎特创作了很多作品。室内展示着莫扎特曾经使用过的乐器和其他的一些遗物。

米拉贝尔宫殿和庭院
Schloss Mirabell, Mirabellgarten

地图 p.55-C ✳✳✳

■从莫扎特广场步行10分钟　■宫殿开放时间8:00~16:00（周三和周五13:00~16:00）　周六、周日休息

17世纪初大司教沃尔夫·迪特里希·冯·莱特瑙为了他的爱人在这里建造了阿尔特瑙宫。阿尔特瑙宫于18世纪初由知名建筑师希尔德布兰德加工设计成米拉贝尔宫。宫殿于19世纪初遭遇火灾，1950年复建后作为市政厅使用。雕刻而成的大楼梯免受了火灾的摧残而保留了下来。2楼的大理石之屋常被作为演奏会会场和结婚会场使用。宫殿的庭院是17世纪末由菲舍尔·冯·埃尔拉赫设计而成的，是《音乐之声》的舞台。

莱奥波尔兹克罗恩宫
Schloss Leopoldskron

地图 p.55-E图外 ✳✳

■从中央站打车15分钟

1744年由大司教沃尔夫·迪特里希·冯·莱特瑙修建而成，在电影《音乐之声》中作为特拉普大佐的府邸出现。现在作为酒店使用。

萨尔茨卡默古特地区
Salzkammergut

位于萨尔茨堡东部一带的辽阔的山岳地带，被称为萨尔茨卡默古特地区（盐的领地）。分散着山川湖泊的这片土地是岩盐的沃土，这里曾经因为盐产业而繁荣。

哈尔施塔特
Hallstatt
地图 p.59 ✽✽✽

■从其他城市乘坐火车约30分钟抵达

哈尔施塔特湖边的小镇。紧临悬崖有很多可爱的农家屋舍。船厂附近有三角形状的集市广场，附近建有天主教堂和耶稣教堂。"哈尔"是凯尔特语"盐"的意思，"施塔特"是德语小镇的意思。跟随导游可以进盐坑游览。

巴德伊舍
Bad Ischl
地图 p.59 ✽✽

■从萨尔茨堡乘坐巴士1小时30分钟到达

在19世纪弗朗茨·约瑟夫皇帝时代，巴德伊舍作为欧洲的社交场合繁荣起来，王公贵族和有名的作曲家、画家们经常来到此地。皇帝为与伊丽莎白皇妃相亲而来到此地。皇帝的别墅恺撒维拉的庭院十分美丽壮观。（门票€12 开放时间10:00~16:00，5~9月10:00~17:00，11月休息）

圣沃尔夫冈
St.Wolfgang
地图 p.59 ✽✽

■从萨尔茨堡乘坐巴士1小时45分钟到达

位于圣沃尔夫冈湖的北岸。教会地区放置有佩戴皇冠的圣母玛利亚的高12米雕塑的黄金祭坛。登沙夫山的蒸汽登山铁道在电影《音乐之声》中出现过。

圣·吉尔根
St.Gilgen
地图 p.59 ✽✽

■从萨尔茨堡乘坐巴士50分钟到达

位于圣沃尔夫冈湖西侧的可爱小镇。这里是莫扎特母亲的老家，现在有圣·吉尔根莫扎特之家纪念馆。市政厅前的莫扎特广场上立有童年莫扎特的雕像。

市政厅前的童年莫扎特雕像以及街道

蒙德塞
Mondsee
地图 p.59 ✽✽

■从萨尔茨堡乘坐巴士1小时到达

位于有月亮湖之称的蒙德塞湖畔的小镇。电影《音乐之声》中玛利亚和大佐举行婚礼仪式的地区教堂就位于这里。

Eating 美食

奥地利料理（老城区）

阿尔特·萨尔茨堡
Alt Salzburg

地图 p.55-E `英菜` `英👤` `预`

🚇 从莫扎特广场出发步行4分钟　✉ Bürgerspitalgasse 2
☎ 84-1476　营 11:30~14:00、18:00~24:00（用餐时间~22:30）　休 周日及周一的白天　金 €40~

挖开岩山建造的餐厅

　　这家老牌餐厅靠近节庆大剧院，很多
音乐家都是这里的
常客，到了夏天音
乐季时很难预约到
座位。餐厅提供4
道菜和5道菜的套
餐料理。

奥地利料理（老城区）

铭锡堡32
Mönchsberg 32

地图 p.55-C `英菜` `英👤`

🚇 安东·诺伊迈尔广场坐电梯1分钟
✉ Mönchsberg 32　☎ 84-1000
营 9:00~次日1:00　休 周一　金 €15~

可以边远眺边享受上等料理

　　餐厅在萨尔茨堡现代美术馆的楼上，
有很多精选料理。装饰时尚的室内就餐区

很好，但还是推荐能眺望
老城区的露台席位。晚上
餐厅也作为酒吧营业，夜
景很美。

奥地利料理（老城区）

茨姆·奥伦西皮格尔
Zum Eulenspiegel

地图 p.55-C `英菜` `英👤`

🚇 从莫扎特广场出发步行2分钟
✉ Hagenauerplatz 2　☎ 84-3180
营 11:00~24:00　休 全年无休　金 €20~

再现500年前建筑物风采的餐厅

位于莫扎特故居
前。每一层都有氛围不
同的小屋子，可以品尝
地道的奥地利料理。

奥地利料理（新城区）

斯提格尔·布罗伊
Stiegl Bräu

地图 p.55-A `英菜` `英👤`

🚇 中央车站出发步行5分钟　✉ Rainerstrasse
14　☎ 87-7694　营 11:00~24:00
休 全年无休　金 €10~

品尝萨尔茨堡当地的啤酒

　　餐厅提供传统的奥地利乡土料理，搭
配根据季节限定的啤酒，十分有人气。分
量十足的猪肉料理"Bauern Schmaus"
（酸菜烤肉）非常受欢迎。

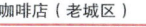

酸菜烤肉和当地啤
酒的绝妙搭配

咖啡店（老城区）

汤姆赛里咖啡馆
Café Tomaselli

地图 p.55-F `英菜` `英👤`

🚇 从莫扎特广场出发步行2分钟
✉ Alter Markt 9　☎ 84-4488
营 7:00~20:00（周日8:00~、7~8月~24:00）
休 2月休息一周

1705年成立的咖啡厅

　　蛋糕种类繁多的咖
啡店。早上八点提供刚
出炉的热乎乎的苹果蛋
糕。

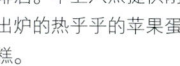

咖啡店（老城区）

福尔斯特咖啡馆
Café Konditorei Fürst

地图 p.55-F `英菜` `英👤`

🚇 从莫扎特广场出发步行2分钟
✉ Alter Markt/Brodgasse 13　☎ 84-3759-0
营 8:00~21:00（冬季~20:00，周日、节假日9:00~）　休 全年无休

"莫扎特巧克力"创始店

　　1890年糕点师保罗·福
尔斯在这个咖啡馆里制作出
了"莫扎特巧克力"，还有
其他很多种类的蛋糕。在
Ritzerbogen也有连锁店。

`英菜` 提供英语菜单
`英👤` 提供英文服务　`预` 须提前预约　⚫ 须穿正装

Shopping 购物

萨尔茨堡

工艺品（老城区）

海依玛特维克·萨尔茨堡
Salzburger Heimatwerk

地图 p.55-F　　　　　　　　　　英👤

🚊 莫扎特广场出发步行1分钟
✉ Residenzplatz 9　☎ 84-4110
🕐 9:00~18:00（周六~17:00）　🚫 周日

传统工艺品店

商店以布料与布制品为主打产品，收
罗各种小特产。民族服
饰和小物品等都是手工制
品，品质很好。带蒂罗尔
刺绣的桌布€40~。

圣诞商品（老城区）

萨尔茨堡圣诞商品店
Christmas im Salzburg

地图 p.55-F　　　　　　　　　　英👤

🚊 从莫扎特广场出发步行1分钟　✉ Juden-
gasse 11　☎ 84-6784　🕐 9:00~19:00（周日、
节假日~18:00）　🚫 全年无休

圣诞礼品琳琅满目

无论是谁进入商店，都能感受到浓浓
的圣诞乐趣，与圣诞节相关的商品在这里
都能买到。

海盐（老城区）

萨尔茨堡海盐店
Salzburger Salz

地图 p.55-E　　　　　　　　　　英👤

🚊 从莫扎特广场出发步行5分钟
✉ Wienner Philharmonikergase3
☎ 848079　🕐 10:00~18:00（周六~17:00）
🚫 周日、12月24日午后~26日

市内唯一一家卖盐的专门店

以萨尔茨堡盐为主，售卖各种盐。店
内有四十余种植物成分石盐和药物成分石
盐，推荐店铺自制的植物
药物混合石盐；店内还卖
浴盐和盐化妆品。

Stay 住宿

老城区	**戈登纳尔·希尔酒店** Goldener Hirsch 地图 p.55-E　★★★★★	🚊 从卡拉扬广场出发步行2分钟 ✉ Getreidegasse 37 ☎ 80-840　FAX 84-3349 💰 S€170~、D€170~　🛏 70 HP www.goldenerhirsch.com		
	萨尔茨堡拉蒂森布鲁酒店 Radisson Blu Altstadt Hotel Saltzburg 📺🍴📶 地图 p.55-F　★★★★★	🚊 从莫扎特广场出发步行2分钟 ✉ Judengasse 15 ☎ 84-8571-0　FAX 84-8571-6 💰 S€235~、D€235~　🛏 62 HP www.radissonblu.com		
新城区	**萨尔茨堡萨赫酒店** Hotel Sacher Salzburg 📺🍴📶 地图 p.55-C　★★★★★	🚊 从马卡特广场出发步行1分钟 ✉ Schwarzstrasse 5-7 ☎ 88-977　FAX 88-977-14 💰 S€225~、D€225~　🛏 113 HP www.sacher.com		
	萨尔茨堡布利斯通酒店 Hotel Bristol Salzburg 📺🍴📶 地图 p.55-D　★★★★★	🚊 马卡特广场附近 ✉ Makartplatz 4 ☎ 87-3557　U 87-3557-6 💰 S€173~、D€204~　🛏 60 HP www.bristol-salzburg.at		
	萨尔茨堡欧洲大酒店 Hotel Europa Salzburg 📺🍴📶 地图 p.55-A　★★★★	🚊 中央车站出发步行2分钟 ✉ Rainerstrasse 31 ☎ 88-9930　FAX 88-9938 💰 S€104~、D€129~　🛏 103 HP www.austria-trend.at/eus		
	萨尔茨堡喜来登大酒店 Sheraton Salzburg 📺🍴📶 地图 p.55-C　★★★★★	🚊 从马卡特广场出发步行7分钟 ✉ Auerberg Strasse 4 ☎ 889990　FAX 881776 💰 S€180~、D€180~　🛏 159 HP www.starwoodhotels.com		

📺 有卫星电视　🏊 有室内泳池　🏋 有健身房　🛍 有购物中心
🍴 餐厅　☕ 有咖啡休息室　💼 有商务中心

61

布拉格

PRAHA　　　　　　　　地图p.6–F

有着"千年之城"美誉的布拉格，是一座残留着古波希米亚王国痕迹的古都。街道上有美丽的哥特式、文艺复兴式、巴洛克式风格的建筑，每次探访都让人有新的发现。

耸立在伏尔塔瓦河对面的布拉格城堡

ACCESS　去往布拉格

机场▶从欧洲主要城市换乘
铁路▶从维也纳出发，约需5个小时；从布达佩斯出发，约需7个小时。

ℹ 观光咨询处：
老城区市政厅1楼
■ Staroměstskénáměstí 1
■ 9:00～20:00（周日～19:00）

城市概览

10世纪时，布拉格是波希米亚王国的首都，坐落在伏尔塔瓦河的左岸。14世纪查理一世（神圣罗马帝国皇帝"查理四世"）时期，布拉格建成了今天的规模。查理一世的孩子里，没有可以继任的男孩，于是在15世纪，皇权便移交给了他的女婿——哈布斯堡王朝的创建者。于是，布拉格开始处于该王朝的统治之下。17世纪时期，在"三十年战争"中战败的新教徒贵族们被逐出国境，众多来自维也纳的贵族移居此地，建造了美丽的巴洛克风格及文艺复兴风格的街道。

"一战"后，捷克斯洛伐克共和国成立，并于"二战"后成为社会主义共和国。柏林墙被推倒后，1993年，捷克和斯洛伐克分别成为独立主权国家，捷克共和国成立；2004年捷克加入欧盟组织。

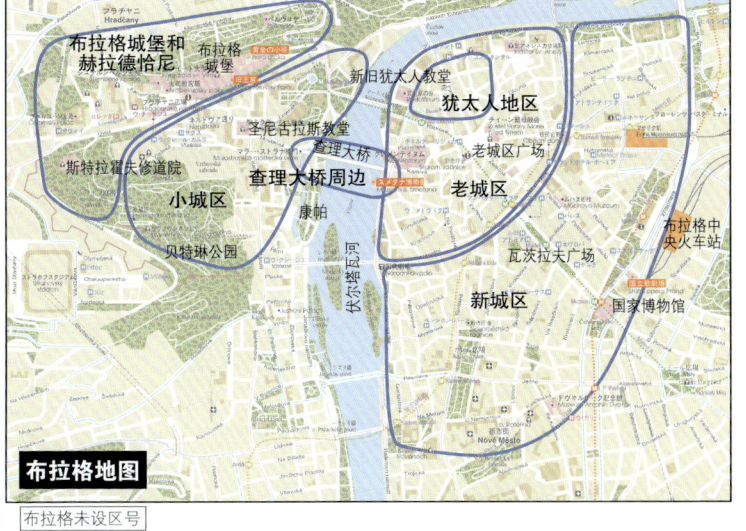

布拉格地图

62　布拉格未设区号

布拉格

观光亮点

在布拉格观光一般需要2~3天。横跨在伏尔塔瓦河上的查理大桥，左岸的布拉格城堡，右岸的老城区，属于观光中心区，可步行来回游览。速度快的话，这些观光景点一天就能游览一遍，但是最好放慢速度，悠然自得地走在美丽的中世纪街道上，买买东西，听听音乐会，或者到有名的啤酒屋里坐一坐。

◆以查理大桥为中心，景点遍布在伏尔塔瓦河两岸

很多旅行都是从布拉格城堡开始，然后去往斯图代纳，走过查理大桥，之后去往老城区。与其说查理大桥是一座渡桥，不如说它像一个广场——露天商贩、街头艺人陆续会集在这里。老城区广场上的天文钟像是在注视着这一切。从巴黎大道开始，沿着伏尔塔瓦河延展开来的饶有趣味的犹太人街、犹太人墓地和犹太人集会也

值得一看。新城区的瓦茨拉夫广场周边有布拉格最繁华的街道。

◆古老的啤酒屋餐厅

在布拉格，有很多能喝上店家自酿啤酒的传统啤酒屋。去知名的啤酒屋，不仅能吃上煮软炖透的猪肉鸭肉乡土料理，还能欣赏手风琴等的现场演奏。

◆布拉格的特产

向您推荐有名的波希米亚玻璃、波希米亚特有的石榴石饰品，种类丰富、价格低廉。另外，串珠也值得入手。

人气观光点——查理大桥

推荐旅游线路

3天2晚的基本旅行方案

※下午到达当地的旅行方案介绍

第1天

下午 ●旅馆入住登记
确认好房间的东西再出门。

●旅馆周围随便走走
老城区周边和切鲁特那大街的礼品店营业到22点左右，可供购物。

●在传统啤酒屋吃晚饭（→p.79）
在捷克有名的啤酒屋畅享当地啤酒和乡土佳肴。

第2天

上午 ●布拉格城堡观光（→p.74）
城堡内的圣维特大教堂常常有很多游客，建议选择上午时间去游览。回来时经由东门，可以眺望到整个老城区。

下午 ●从查理大桥开始参观老城区（→p.70~73）
一边观赏着桥上的露天小摊和街头艺人，一边跨过伏尔塔瓦河。老城区广

下午 场上的老城区市政厅天文钟，每到整点机关才会发动，请在这里耐心等待。

●去欣赏音乐会或者去黑光剧院（→p.77）
在布拉格的夜晚，可以尽享各种娱乐。以布拉格城堡为首的宫殿、教堂，几乎每天都有音乐会。捷克很有人气的人偶剧和黑光剧院也是几乎每天都有演出。

第3天

上午 ●新城区观光
参观完穆夏博物馆以后，去繁荣的瓦茨拉夫广场游览。

下午 ●在老城区一带购物
从瓦茨拉夫广场入口处的姆斯泰克开始，在老城区广场一带，集中着波希米亚玻璃店、波希米亚石榴石店以及捷克玩具店。

●在传统咖啡馆放松一下
位于市民会馆的卡瓦鲁那·欧贝茨尼·道姆等地，有很多氛围十足、咖啡美味的传统咖啡馆。

●酒店退房

63

市内交通

布拉格的公共交通设施有地铁、电车和公共汽车三种。乘车券可通用，三种交通设施均适用。最便利的观光方式是地铁——几乎所有的观光点都可通过搭乘地铁加步行的方式到达。

地铁 Metro

费用：单程票（30分钟内有效），24Kč

地铁的运营时间是每天的5:00~24:00，周一至周五2~3分钟一班，周六、周日4~10分钟一班。地铁有3条路线：A线绿色，B线黄色，C线红色——以颜色区分路线，方便理解。

乘车方式：从售票处或购票机等处购买车票，把车票放入检票机检票后，拿着车票乘车去目的地。指示标牌的语言是捷克语，一定要记住出口是"Výstup"、换乘是"Prestup"，出站时车票不用回收。

乘车时，别忘了检票

电车 Tramvaj

费用：与地铁费用相同

电车纵横于市内。在电车前面标有目的地和用数字表示的线路名称。务必记下所搭乘的车次的时刻表以及它的经停线路。电车门的开关有自动式和按钮式的。上车后，使用车门旁边的检票机验票。另外要注意夜班车发车时间，在地铁的末班车发出以约30分钟，特别路线的深夜电车（51~58号）才开始运行。

出租车 Taxi

基本费用：40Kč

因为串街揽客的出租车会收取高价的车费，建议搭乘3A级之类的优良出租车出行。在餐厅、酒店以及大型商店处能够搭乘到出租车。

观光马车

费用：一部马车，20分钟，起步价800Kč

一部马车可搭乘4~5人，在老城区广场等地有观光马车。价格可商谈，冬季停业。

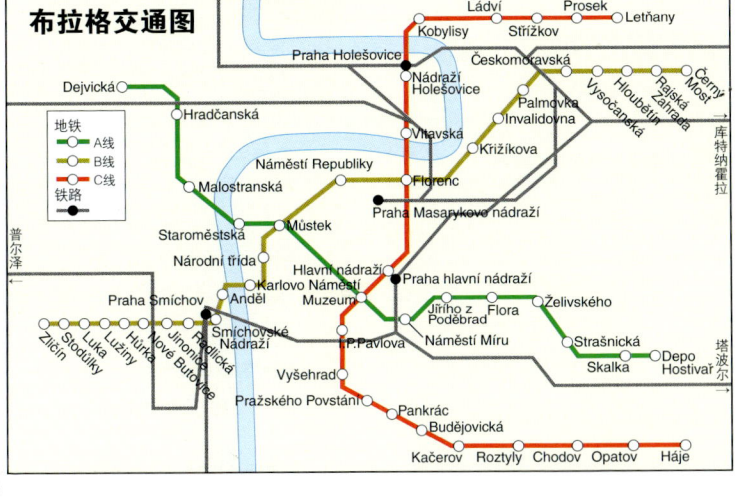

布拉格

布拉格导览 NAVI

所需时间
2小时到半天

纵享步行乐趣、欣赏音乐盛会

布拉格因伏尔塔瓦河而分为东西两处，左岸的丘陵上是布拉格城堡，城堡下的城镇是斯图代纳。位于右岸的是老城区，环绕着老城区的是新城区。大致游览一遍下来，喜欢的地方还会想再次好好地游览一番。在保留着中世纪街道的布拉格步行是一件令人喜悦的事。在老城区，古色古香、十分雅致的小巷首尾相连，在其中探访哥特式、巴洛克式、文艺复兴式以及新艺术派风格的著名建筑，是很不错的体验。

去远一些地方的话，搭乘地铁、电车比较方便。在布拉格城堡、斯图代纳以及老城区，因为没有交通设施，只能徒步游览。老城区广场和布拉格城堡之间有联合观光电车"环保快车"，很有趣，可以试着搭乘一下。

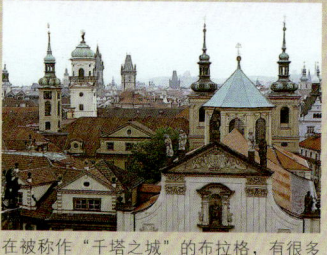

在被称作"千塔之城"的布拉格，有很多塔和各种风格的建筑物

推荐在白天或者晚上空出2个小时的时间去听一次音乐会。在布拉格城堡内的圣乔治教堂、里亨特修泰恩宫殿等地，常常会举行室内音乐会。即使当天演奏的音乐会也能购到票。在庄严的教堂里欣赏音乐真是一大乐事。

圣乔治教堂的音乐会

专业导游建议

乘坐方便快捷的观光环保车

老城区广场和布拉格城堡联合开通了火车模样的观光电车，十分便利。运行时间：4~10月，10：00~17：00（6~8月，~18：30）。每30分钟一班，单程票价280Kč。

POINT 旅游小贴士

步行游览的最佳路线是从城堡区到新城区。首先搭乘22路电车在Prazsky hrad下车，去布拉格城堡北门。或者先去Pohorelec然后在Loretanska下车，去布拉格城堡正门。由布拉格城堡前往斯图代纳，经过查理大桥时可以观赏到犹太人街。步行通过巴黎大道Parizska去往老城区广场。然后从切勒特那大街步行至火药塔，最终到达瓦茨拉夫广场，至此，就是一场完美的游览了。

Sightseeing 观光

老城区
Starimestska

老城区位于伏尔塔瓦河右岸，是土地广阔、历史悠久的一个地方，中世纪时期，这里四周城墙环绕。景区分布以老城区广场为中心，这儿便成了观光据点。

老城区广场
Staroměstské Náměstí ✳✳✳

地图 p.69-G

■从地铁A线Mustek站下车步行5分钟

老城区广场被哥特式、文艺复兴式、巴洛克式和洛可可式的跨时代建筑物所环抱，是耸立着教堂和老城区市政厅等建筑物的大广场。在这里可搭乘观光马车游览。12世纪初期，这里是市场，也是民众起义、行刑等各类事件发生的地方。

广场的中央立着扬·胡斯的雕像。扬·胡斯是宗教革命的先驱人物，是被处以火刑而殉道的捷克英雄。广场北侧是12世纪时修建的圣尼古拉斯教堂——因为是巴洛克式的教堂，所以能看到王冠模样的波希米亚玻璃枝形吊灯。

扬·胡斯雕像位于广场正中央；美丽的建筑物环抱着老城区广场，左边是圣尼古拉斯教堂

老城区市政厅
Staroměstská radnice ✳✳✳

地图 p.68-F

■老城区广场内
■70Kč 9:00~17:30（周一11:00~）、夏季~18:00）全年无休

以天文钟为中心，老城区广场是游客最为集中的地方。可以从老城区市政厅的

高塔处眺望四周。带有飘窗的礼拜堂下面，埋葬着1621年白山战役中战败而被处死的27名新教徒贵族的尸首，以白色十字架作为标志。

建于老城区广场西南角的地标

泰恩圣母教堂
Kostel Panny Marie před Týnem ✳✳✳

地图 p.69-C

■老城区广场内
■10:00~13:00、15:00~17:00（周日10:30~12:00） 周一休息

"泰恩圣母教堂"是建于1365年的教堂，为哥特式风格，是宗教改革时期胡斯派的根据地。由多座小塔包围着的80米高

拥有双塔的"泰恩圣母教堂"前面是"石钟之家"以及洛可可式的哥茨·金斯基宫

小知识

老城区市政厅的天文钟

天文钟建于1410年，1490年得到修缮。这座天文钟据说是世界上最古老的天文钟。下面的日历钟盘上，正中间是老城区的徽章，周围星座环绕；再外面是表现波希米亚农民一年12个月生活的图画。在天文钟表盘两侧的雕像中，骸骨代表着死神，手持乐器的男子代表烦恼，拿着钱袋的男子代表欲望，照镜子的青年代表虚荣。

9:00~21:00，整点报时机关达到40秒的精确程度

的两座塔楼之间，是纯金的圣母玛利亚雕像。教堂的入口很难识辨，可以从面向广场的建筑物进入。

哥茨·金斯基宫
Palác Golz-Kinských

地图 p.69-C **＊＊**

■老城区广场内
■国家美术馆150Kč　10:00~20:00　周一休馆

　　建于18世纪中期的哥茨伯爵的宅邸，为洛可可式风格建筑。哈布斯堡家族统治时期，哥茨·金斯基宫是开展德语教学的优秀高等学院，卡夫卡曾在此就读。现在是布拉格国家美术馆的分院。宫殿的右边建筑物一角嵌着一座石钟，从而得名"石钟之家"。

火药塔
Prašná brána
地图 p.69-H **＊＊＊**

■从地铁B线Namesti Republiky站步行1分钟
■75Kč　10:00~22:00（3~10月~20:00、次年2月~18:00）

　　"火药塔"在位于切勒特那大街的共和国广场旁边，是11世纪时作为老城区的进出口而建。15世纪后半期开始修建成和当时宫殿相称的65米高的哥特式门塔，后来宫殿转移到布拉格城堡以后，门塔还未完工就搁置了。18世纪中期，俄军包围布拉格，该塔被拿来作为应战用的火药库，从而得名"火药塔"。

可以攀登的哥特式的塔

城邦剧院
Stavovské divadlo
地图 p.69-G **＊＊**

■从地铁A线Mustek站步行3分钟
　　城邦剧院建于18世纪后半期，是

使用薰衣草状的黄金点缀的剧院，十分雅致。莫扎特曾因思念布拉格市，而为歌剧《唐·乔凡尼》作曲。1787年10月，莫扎特初次在此演奏即大获成功。

市民会馆
Obecní dům
地图 p.69-H **＊＊＊**

■从地铁B线Namesti Republiky站步行1分钟

　　"市民会馆"是建在"火药塔"旁边的文化设施，于1911年依照中世纪波希米亚国王的居住旧址而建。会馆入口处题有"致敬布拉格"几个大字，外墙上是新巴洛克风格的壁画，会馆内部则统一是新艺术派风格。会馆1楼是"斯美塔那大厅"，国际音乐节"布拉格之春"在这里举办，斯美塔那作曲的《我的祖国》也在这里演奏。

市民会馆内有咖啡馆和餐厅

小知识

"布拉格之春"国际音乐节

　　"布拉格之春"国际音乐节，是"二战"结束后，捷克斯洛伐克从德国解放出来的次年、即1946年开始举办的。以捷克交响管弦乐团为中心，聘请世界一流的演奏家来此演出、给人们勇气。此后，音乐节上开始演奏各种各样的音乐。在这片土地上，倾听斯美塔那、德沃夏克等的名曲，感触极深。开幕时间：5月12日~6月4日。HP www.festival.cz

查理大桥周边
Karluv most

紧邻布拉格城堡和斯图代纳的"查理大桥"，是布拉格最有活力的地方。位于布拉格城堡下部的斯图代纳，是建于17~18世纪的贵族宅邸遗址。

查理大桥和斯图代纳、布拉格城堡

查理大桥
Karlův most ✿✿✿

地图 p.68–F

■从地铁A线Staromestska站步行5分钟

位于老城区和斯图代纳地区、布拉格城堡相邻之处的查理大桥，是布拉格的观光中心。宽阔的大桥上，有街头艺人在演出，露天摊贩们也在热情售卖商品。

查理大桥建于1357年，由查理四世命名，在彼得·帕尔勒日的指挥下、历时45年建成。查理大桥宽9.5米，长516米，是中世纪建筑的杰作，至今仍保留着中世纪的美。

桥上排列着30尊圣人雕像。1683年，桥中央增加了布拉格的烈士——圣·让·内波姆斯的雕像。雕像底座的两块浮雕上，刻着圣·让·内波姆斯被扔进伏尔塔瓦河的画面，据说摸了它们的人会获得好运。另外，在投他入水的

查理大桥脚下的查理四世像

地方的桥栏杆上安有十字架，去触摸的人有很多。

老城区桥塔
Staroměstská mostecká věž ✿✿

地图 p.68–F

■从地铁A线Staromestska站步行5分钟
■展望台70Kč　10:00~22:00（11月~次年2月~18:00、3~10月~20:00）

建于14世纪末的门塔，哥特式风格。登上桥塔的观景台，可以看到伏尔塔瓦河对面雄壮的布拉格城堡和斯图代纳城。

克莱门特学院
Klementinum ✿

地图 p.68–F

■从地铁A线Staromestska站步行3分钟

建于17世纪的克莱门特学院，作为耶稣教会信徒的根据地使用，承担着宗教和开展高等教育的使命。18世纪，克莱门特学院成了布拉格大学的图书馆，以藏书约500万册为荣。学院内的礼拜堂里，时常举办音乐会。

国家剧院
Národní divadlo ✿

地图 p.68–J

■从地铁B线Narodni trida站步行10分钟

基于"建立捷克人自己的民族歌剧舞台"的目的，布拉格国家剧院建于1881年，后来毁于火灾，于1883年重建。剧院建筑庄严华丽，为文艺复兴式风格，是19世纪末布拉格艺术的杰作。剧院现在以

圣·让·内波姆斯的雕像

查理大桥上的音乐演奏

出售当地特产的露天小摊

布拉格

歌剧演出为主，也会演出戏剧、芭蕾等。

捷克国家剧院

康帕岛
Kampa

地图 p.68-E ✳

■从地铁A线Malostranska站步行10分钟

康帕岛位于伏尔塔瓦河中部，和斯图代纳隔着一条名为切鲁托夫卡（Certovka）的河，一座桥连接了两岸。河上有一座复原的木制水车，据说水车小屋里住着一个小恶魔（切鲁托夫卡），所以这条河又被称为"恶魔河"。

"恶魔河"上的水车

弗兰兹·卡夫卡博物馆
Franz Kafka Museum

地图 p.68-B ✳

■从地铁A线Malostranska站步行4分钟
■180Kč 10:00~18:00（1~2月11:00~17:00）全年无休

广阔的弗兰兹·卡夫卡博物馆馆内，收藏着很多神秘展品，静静地向人们诉说着40岁离世的卡夫卡的生平。

圣尼古拉斯教堂
Kostel sv. Mikuláše

地图 p.68-A ✳✳

■从地铁A线Malostranska站步行8分钟
■70Kč 10:00~16:00（周一~17:00、周日11:30~）全年无休

耸立在布拉格老城的巴洛克式教堂，始建于1704年，1756年竣工。长廊天花板上的壁画"圣尼古拉的庆祝与祭祀"、教

堂拱顶上的壁画"三位一体神的祝贺"以及圣尼古拉的祭坛，都值得一看。教堂内有一架装饰着演奏乐器的黄金天使的风琴，1787年，莫扎特用它进行过演奏。

华伦斯坦宫
Valdštejnský pálc

地图 p.68-A ✳✳

■从地铁A线Malostranska站步行3分钟
■10:00~17:00（宫殿只在星期六和星期天对外开放）11月~次年3月休假

华伦斯坦宫作为华伦斯坦将军的居所，建于17世纪前半期，属于巴洛克式建筑风格的大型宫殿。宫殿的法式庭院有雕像、水池、喷泉和人工洞穴，十分漂亮。

宫殿内大厅天花板上的壁画

派特金公园
Petřínské sady

地图 p.66-F ✳

■从第6、9、22、23号Ujezd开始登山电车的车站后，步行3分钟，搭乘缆车去派特金观景台

从斯特拉霍夫修道院的果园向南绵延的丘陵公园。从这儿的展望台远眺布拉格城堡，一览无遗。

📷 摄影最佳视角

奈鲁道瓦大街的门牌

在从斯图代纳广场通往布拉格城的奈鲁道瓦大街上的Nerudova 小路（地图p.66-B）上，能看到很多装饰着人物雕像及其他浮雕图案的门牌。

47号门牌"两个太阳"

73

布拉格城堡区
Prazsky Hrad

伏尔塔瓦河左岸的高台上，是被称为弗拉切尼的城区，由宏伟的布拉格城堡扩展开来，周边林立着贵族公馆、历史馆等建筑。

布拉格城堡
Pražský Hrad
地图p.66-B ✶✶✶

■从地铁A线Malostranska站步行10分钟
■城堡游览通票（2天内有效）：短途旅行250Kč、长途旅行350Kč　9:00~18:00（11月~次年3月~16:00）全年无休

布拉格城堡自9世纪建成以来，至14世纪查理四世时期就大概形成了如今的规模。16世纪末，随着哈布斯堡家族的鲁道夫二世在布拉格修建宫殿，布拉格城堡迎来了它的鼎盛时期。随着时代的变迁，各种风格的建筑混杂在一起。现如今，旧王宫已经成了布拉格的总统府。

布拉格城堡横贯东西，入口是面对着赫拉德·恰尼广场的正门，也有东门和北门。守城的卫兵1个小时换一次班。正午时分，正门的换岗仪式甚是庄严隆重。

圣维特大教堂
Katedrála sv. Víta
地图 p.66-B ✶✶✶

以926年圣瓦茨拉夫修建的教堂为基础，11世纪修建了罗马式风格的教堂作为替代。现在所展现出的哥特式风格，是14世纪应查理四世的要求而作的修改。

教堂正面入口的窗户上，是1927年完成的镶着蔷薇花边的彩色玻璃绘画。入口左边起第3个小礼拜堂内，是艺术大师穆夏创作的"圣西里尔和圣美多迪乌斯"。主祭坛右侧是由2吨银子建成的圣约翰·内波穆夫的坟墓。"圣瓦茨拉夫礼拜堂"内使用黄金喷漆，看似昏暗的礼拜堂因此而显得金碧辉煌。

穆夏的豪华玻璃绘画

圣约翰·内波穆夫的坟墓

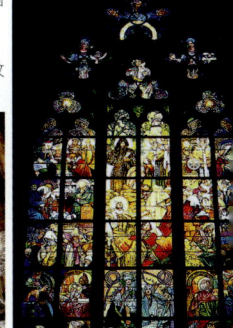

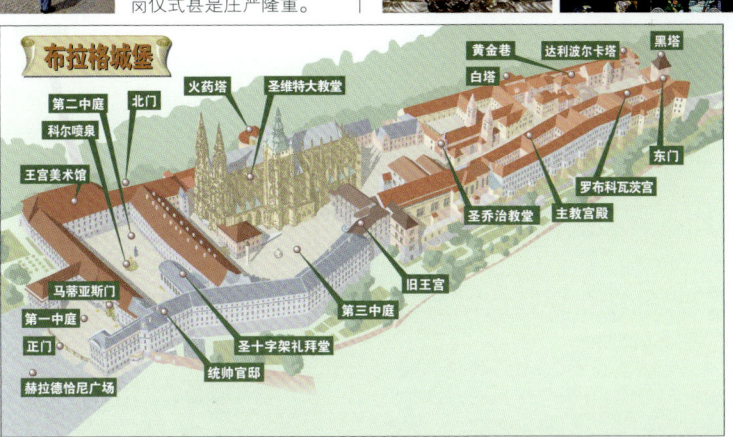

布拉格城堡

第二中庭
科尔喷泉
王宫美术馆
马蒂亚斯门
第一中庭
正门
赫拉德恰尼广场

北门
火药塔
圣维特大教堂

统帅官邸
圣十字架礼拜堂
第三中庭
旧王宫
圣乔治教堂
主教宫殿
罗布科瓦茨宫

黄金巷
白塔
达利波尔卡塔
黑塔
东门

布拉格

旧王宫
Starý Královský palác
地图 p.66-B ✿✿✿

旧王宫是作为波希米亚国王的居所而建成的。16世纪哈布斯堡家族修建了新的宫殿后，历任国王就住在新宫殿了。整个旧王宫分为3层，一层是弗拉迪斯拉夫大厅，这是除教堂外、中世纪时期欧洲最大的无立柱拱顶大厅。

大厅里的王室专用礼拜堂
扇形拱交错的华丽大厅

圣乔治教堂
Bazilika sv. Jiří
地图 p.66-B ✿✿✿

由弗拉迪斯拉夫一世修建于920年，为木质结构，简单朴素。973年，波希米亚第一家修女院就建在"圣乔治教堂"旁边。福萨道把它改造成了巴洛克式建筑，是布拉格保存最好的文艺复兴式建筑。

洛克维兹宫
Lobkovický palác
地图 p.66-B ✿✿✿

第7代洛克维兹侯爵是贝多芬的资助人，馆内展览着贝多芬初演时的乐谱手稿以及勃鲁盖尔（父）的六连作系列画作（现存5幅）之一——《收干草（夏）》，值得一看。（275Kč 10:00~18:00）

黄金巷
Zlatá ulička
地图 p.66-B ✿✿✿

据说16世纪时期鲁道夫二世安排炼金术士住在这里，为他炼制可以长生不老的秘药，此地由此得名"黄金巷"。"黄金巷"22号的一间水蓝色的房子，是弗兰

小楼房改建成的商店

兹·卡夫卡1917年的工作住所，现如今约有15间房屋作为商店或餐厅保存了下来。

赫拉德恰尼广场
Hradčanské náměstí
地图 p.66-A ✿✿

■布拉格城堡的前面

建于1726年的黑死病纪念柱矗立在这个广场，也矗立在布拉格城堡的前面。广场周边环绕着建于16世纪的大司教宫殿、国际美术馆的分馆——修瓦卢茨柏鲁库宫（Kč15，10:00~18:00，星期一休馆）以及作为国家绘画馆的修特柏鲁库宫（Kč15，10:00~18:00，星期一休馆）等宫殿。

斯特拉霍夫修道院
Strahovský Klášter
地图 p.66-E ✿✿

■从22号、25号电车Pohorelec站步行3分钟　■80Kč（图书馆）　9:00~12:00、13:00~17:00　全年无休

修道院修建于1143年，当时有两个雄浑壮丽的文件馆压轴。18世纪后半期修建了"图书馆"，藏书达5万册。天花板上有描绘人类精神文明史主题的壁画，廊下的一角展示着修道院内最古老的手抄本（复刻版）。巴洛克式风格的神学馆里有古老的地球仪和天球仪，值得一观。

神学馆内以"学门礼赞"为主题的天花板画

75

犹太人街区和新城区
Josefov & Nove Mesto

位于老城区北侧的犹太人街区是中世纪欧洲最古老的犹太人街。环绕着老城区修建而成的新城区，以瓦茨拉夫广场为中心向外扩展。

新旧犹太人教堂
Staronová Synagóga

地图 p.69-C ✴✴

■从地铁A线Staromestska站步行5分钟
■200Kč　9:00~18:00（11月~次年3月，~17:00）周六、犹太节日时期休息

旧教堂修建于13世纪。16世纪增建了新的教堂，和旧的教堂合起来称为"新旧犹太人教堂"。正殿被有屋顶的过道包围着，过道处的墙上开了个洞，从洞里能看到正殿。这是因为18世纪时，犹太教教徒做礼拜是男女分开的，女性不得进入正殿，只能以从墙洞往里看的方式参加礼拜。现如今女性也可以像男性一样经由过道去正殿做礼拜了。

犹太人地区集会场所
Židovská radnice

地图 p.69-C ✴✴

■从地铁A线Staromestska站步行5分钟　■300Kč（新旧犹太人教堂以外景点的通票）9:00~次年3月~16:30）　周六、犹太节日时期休息

建于16世纪，是犹太人居住地的政府机关所在。屋顶的两个时钟内部下方的表盘上，有希伯来语的标记。希伯来语是从右往左读，时钟是逆时针运转的，甚是罕见。

犹太人墓地
Starý židovský Hřbitov

地图 p.68-B ✴

■从地铁A线Staromestska站步行5分钟
■300Kč（通票）　9:00~18:00（11月~次年3月~16:30）周六、犹太节日时期休息

建于15世纪的古老的犹太人墓地，四周被墙壁包围着。墓碑上雕刻着歌颂死者生前功绩的希伯来文字以及代表家族的图案等。墓地里约有一万六千块墓碑，但据说有十万人被埋葬于此。

瓦茨拉夫广场
Václavské náměstí

地图 p.69-K ✴✴✴

■先搭乘地铁A、B线到Mustek，然后搭乘A、C线到Muzeum下车

1348年，查理四世修建了瓦茨拉夫广场作为新城区的市场，主要交易马和粮食。19世纪中期广场被称作马市。广场名字的由来，与广场东南部立着的四尊像是在守护着这里的圣人雕像有关。广场常常作为布拉格市民集会的场所，1989年11月的"天鹅绒革命"时期，数十万民众葬身于此。

穆夏博物馆
Muchovo Muzeum

地图 p.69-G ✴✴✴

■从地铁A、B线Mustek站步行5分钟
■160Kč　10:00~18:00　全年无休

1860年生于摩洛维亚、在巴黎初次登台的穆夏，擅长以新艺术派技法绘制女性画。馆内展示着穆夏的生平和作品。

Music Concert & Entertainment
捷克的音乐家 & 艺术

作为"布拉格之春"国际音乐节会场的国家歌剧院

捷克的音乐家们

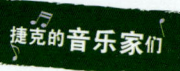

不仅是斯美塔那、德沃夏克，就连到过欧洲各地的莫扎特也对布拉格感兴趣，常常来到这里。

斯美塔那

Bedřich Smetana (1824–1884)

出生于波希米亚东部的斯美塔那，4岁就能拉小提琴，很早就显露出了他的音乐才能。1848年革命爆发之时，他成了狂热宣传国家主义的斗士。晚年失聪以后的斯美塔那，仍创作出了交响诗《我的祖国》。著名的《伏尔塔瓦河》是《我的祖国》中的第二首交响诗。

捷克国民作曲家斯美塔那

斯美塔那博物馆
Muzeum Bedřicha Smetany 地图 p.68-E

■从地铁A线Staromestska站步行5分钟
■50Kč　10:00~17:00　周二休馆

斯美塔那博物馆面朝伏尔塔瓦河，彩色釉雕的外墙甚是美丽。馆内展示有斯美塔那使用过的大型钢琴、指挥棒等，还介绍了他的作品及其生平功绩。

德沃夏克

Antonín Dvořák (1841–1904)

出生于波希米亚一个偏僻的小山村里的德沃夏克，家里做肉店生意。他在布拉格音乐学院上学，毕业后在斯美塔那担任指挥的歌剧院一边做乐团成员一边努力作曲。其早期代表作是《斯拉夫舞曲》。德沃夏克51岁时开始担任纽约音乐学院院长，创作有交响曲《自新大陆》。回国后，他在布拉格音乐学院执教，创作有交响曲和歌剧。

德沃夏克纪念馆
Museum Antonína Dvořáka 地图 p.67-K

■从地铁C线I.P.Pavlova站步行10分钟　■50Kč　10:00~13:30、14:00~17:00　周一休馆

原本是建于18世纪前半期的贵族公馆，1961年，为庆祝德沃夏克120年诞辰，这儿变成了纪念馆。2楼是一个小型音乐厅。

纪念馆内部装修很美

剧院

国家歌剧院
Státní opera Praha 地图 p.69-L

建于1888年，是当时有"布拉格最大规模"之称的真正的歌剧院。歌剧院虽然外形朴素，但内部的观众席却有红色的天鹅绒，并点缀着黄金，装饰极尽奢华。

人偶剧和黑光剧院

布拉格是个戏剧、人偶剧盛行的地方。在被强制要求以德语演出人偶剧的时代，这里因为是唯一一个能用捷克语演出的地方而大受欢迎。现在这里也是几乎每天晚上都有人偶剧上演，很有人气。捷克原创的娱乐项目——黑光剧广为人知。在漆黑的舞台上，穿着黑衣的辅助人员操纵着物品或者人偶进行表演，即使是不懂捷克语的观众也能轻松地从中获得乐趣。

捷克国家人偶剧院
Národní Divadlo Marionet 地图 p.68-F

■从地铁A线Staromestska站步行2分钟

黑光剧院
Blacklight Theater 地图 p.69-G

■从地铁A、B线Mustek站步行5分钟

上／"唐·乔凡尼"的演出场景
下／涂有荧光涂料的人偶服装、舞台背景，在黑光的照耀下，人偶腾空在舞台上

77

Eating 美食

法式捷克料理（老城区）

贝尔维尤餐厅
Bellevue

地图 p.68-F　　　　　　　　　英■ 英■人 预■

交 从查理大桥步行5分钟　📧 Smetanovo
nábřeží 18　☎ 222221443　🕐 12:00~15:00、
17:30~23:00　休 12月24日　💰 1,200Kč

一边远眺查理大桥一边优雅地进餐

　　在绿意盎然的室内进餐自不必说，夏
季的露天座席就更棒了，晚间在这里能够
欣赏到查理大桥和布拉格城的美妙夜景。
在星期天的白天，因为餐厅提供特价法式
料理，很是拥挤。

捷克料理（弗拉切尼）

路维·道布鲁餐厅
Lvi dvůr

地图 p.66-B

交 22路电车Prasneho hrad出发，很快就能到达
📧 U Prašneho mostu 6/51　☎ 224372361
🕐 11:00~23:00　休 无　💰 350Kč

位于布拉格城堡背后的餐厅

　　路维·道布鲁指的是"狮子的院
落"。16世纪后半期，这里圈养着豹子、
狮子等猛兽供人参观学习，因而得名"狮
子的院落"。从北侧远眺布拉格城堡，景
色十分美丽。

捷克料理（老城区）

乌·莫道勒·卡夫其2
U Modré Kachničky 2

地图 p.69-G

交 从地铁B线Mustek站步行5分钟　📧 Michalská 16
☎ 224-213 418　🕐 11:30~23:30　休 无　💰 700Kč~

可体验当店特产——鸭肉料理

　　在斯图代纳有两家店，因为店里的鸭

肉料理很有人气，于是在老城
区又开了一家店。店铺的一楼
很大众化，二楼比较高档。
店里有六种鸭肉料理，价格
为465Kč~480Kč，烤鸭价格为
455Kč~480Kč。

捷克料理（康帕岛）

康帕公园餐厅
Kampapark

地图 p.68-E　　　　　　　　　英■ 英■人 预■

交 从查理大桥步行3分钟
📧 Na Kampě 8b　☎ 257532685
🕐 11:30~次日1:00　休 全年无休　💰 1,500Kč~

位于伏尔塔瓦河岸边的人气餐厅

　　餐厅位于康帕岛的最高处，从查
理大桥上能够看到这家店。晚间时分
河边的特等席是要预
约的。餐厅主营捷克
鱼类料理，也有牛里
脊、牛排等。

捷克料理（老城区）

普勒尼斯卡·勒斯乌拉采·乌·欧贝茨尼姆·道姆
Plseňská Restaurace Restaurace v Obecním domě

地图 p.69-H　　　　　　　　　英■ 英■

交 从地铁B线 Namesti Republiky出发
很快就能到达　📧 Náměstí Republiky5
C 222002780　🕐 11:30~23:00　💰 300Kč

地理位置优势——位于市民会馆地下

　　市民会馆的一个好地方——在这
家宽敞的新艺术派风格的店里，能够品
尝到真正的捷
克料理：烤肉
195Kč，0.4L啤
酒约50Kč，价
格适中。菜单都
配有图片，方便
游客点餐。晚间
有手风琴演出。

英■ 英语菜单
英■人 提供英文服务　　预■ 须提前预约　　■ 须穿正装

布拉格

捷克料理（斯图代纳）

乌·皮卡斯餐厅
U Pinkasů

地图 p.69–K　　　　　　　英菜单 英会话

交 从地铁A、B线Mustek站步行3分钟
✉ Jungmannovo náměstí 15/16
☎ 221111153　营 11:00～23:00
休 无　金 200Kč～

当地人较多的餐厅&啤酒屋

建于1843年的老店。创始人亚库普·皮卡斯当时在普勒泽纽新开发出来的皮尔森啤酒，最早在布拉格上市。此后，啤酒和料理大受追捧。

啤酒屋（新城区）

乌·普勒库啤酒屋
U Fleků

地图 p.68–J　　　　　　　英菜单 英会话

交 从地铁B线Narodni trida步行10分钟
✉ Křemencova 11　☎ 224934019
营 10:00～23:00　休 无　金 300Kč～

布拉格最有名的啤酒

啤酒屋建于1499年，其酿造馆规模不大，却酿造精度最高的黑啤。馆内的大厅里摆放着细长的桌子，充满了古代布拉格啤酒馆的氛围。推荐夏季在庭院品尝很有人气的黑啤。

啤酒屋（新城区）

赫斯特奈斯·乌·卡里哈啤酒屋
Hostinec U Kalicha

地图 p.67–L　　　　　　　英菜单 英会话

交 从地铁C线I.P.Pavlova站步行5分钟
✉ Na bojišti 12–14　☎ 224916475
营 11:00～22:30　休 无　金 300Kč～

孕育出了小说的舞台

是捷克著名的小说家哈谢克经常光顾的啤酒屋。哈谢克的作品《好兵帅克》就是以这家店为舞台创作的。啤酒屋墙上有很多主人公帅克的图片和涂鸦。很多外国游客喜欢来这儿。

啤酒屋（老城区）

乌·迈德维特库啤酒屋
U Medvídků

地图 p.68–F　　　　　　　英菜单 英会话

交 从地铁B线Narodni trida站步行1分钟
✉ Na Perstyně 7　☎ 224211916
营 11:00～22:00（周六11:30～、周日11:30～22:00）　休 无　金 300Kč～

店铺的二层设有酿造厂

这是一家设有简易旅馆的啤酒屋，在这里能喝到应季的原创啤酒和仅次于皮尔森·伐库泽卢的有名的布德瓦伊译卢。

晚上相约去布拉格啤酒屋！

黑啤也很有人气

在乌·普勒库，有音乐伴奏的啤酒屋，很热闹

布拉格有很多兼营餐厅的传统啤酒屋，很多啤酒屋出售他们自家酿制的啤酒。这些啤酒屋供应的捷克乡土料理也很好吃。

诞生于普勒泽纽的捷克啤酒

11世纪末期，布拉格出现了啤酒酿造馆。捷克的普勒泽纽（啤酒中心）生产的皮尔森啤酒享誉世界，自古以来在欧洲很有市场。波希米亚南部的切斯凯·布杰遥维茨在中世纪就开始酿造啤酒了，19世纪移居美国的德国人给这种啤酒起名为布德瓦伊译卢，并大批量生产销售。常见的啤酒的品种有伐库泽卢、刚布里努斯、布德瓦伊译卢、斯特罗普拉门等。一起来畅饮地道的捷克啤酒吧！

皮尔森·伐库泽卢和布德瓦伊泽卢

79

咖啡店（斯图代纳）

三只鸵鸟咖啡厅
U Tři Pštrosů

地图 p.68-A　　　　　　英🔴 英👤 预

交 从查理大桥步行1分钟　🏠 Dražického náměstí 12　☎ 257288888　🕐 12:00～次日1:00　休 无　💰 1,000Kč~

原先是经营鸵鸟羽毛生意的商人之家

咖啡厅在查理大桥旁边的小旅馆的一楼。建筑物本身很有名气，正面的外墙上绘有长着3只翅膀的鸵鸟。18世纪初期，

布拉格第一家咖啡店在此出现，从此"三只鸵鸟咖啡厅"名声大噪。

意大利风味（共和国广场）

烤高餐厅
Kogo

地图 p.69-H

交 从地铁B线Namesti Republiky站步行3分钟　🏠 Na Prikope 22　☎ 221451259　🕐 11:00～23:00　休 无　💰 300Kč~

在现代风格的店里品味当地风情

在一幢建筑物的内部，穿过一条小径，即是这家店铺的所在。中央的露天厨房是对外开放的，氛围轻松愉悦，在这里能够品尝到正宗的意大利美食。

日本料理（郊外）

桂餐厅
Katsura

地图 p.66-A图外

交 从地铁A线Dejvicka 站步行2分钟　🏠 Evropská 15　☎ 296559298　🕐 11:00～14:00、18:00～23:00（周日17:30～22:00）　休 周四白天　💰 白天250Kč~、夜500Kč~

午餐种类丰富的餐厅

餐厅位于德普勒马特酒店的地下。午餐套餐广受好评，生姜烧等主餐搭配味增汤、小钵酱菜等，270Kč起步。鸡肉鸡蛋盖饭等盖饭230Kč起步。晚餐时分，天妇罗套餐500Kč起步。

咖啡店（老城区）

卡瓦卢那·欧贝茨尼·道姆咖啡馆
Kavárna Obecní Dům

地图 p.69-H　　　　　　英🔴 英👤

交 从地铁B线Namesti Republiky 站步行1分钟　🏠 Náměstí Republiky 5　☎ 222002763~4　🕐 7:30～23:00　休 无　💰 60Kč~

位于共和国广场市民会馆一楼的咖啡馆

咖啡馆建筑物为新艺术派风格，室内敞亮而富丽堂皇，给人以高雅尊贵之感。馆内有钢琴现场演奏，是个令人放松的好

地方。在夏季，咖啡馆外的路上会摆上桌子，顾客可以边喝咖啡边欣赏来往的人。

咖啡店（老城区）

卡瓦卢那·斯拉维尔咖啡馆
lavia Kavárna

地图 p.68-J　　　　　　英🔴 英👤

交 乘6、9、17、18、22路电车到Narodni divadlo站　🏠 Smetanovoá Nbr. 1012/Na　☎ 224220957　🕐 8:00～24:00（周六、周日9:00~）　休 无　💰 50Kč~

文化气息浓郁的知名咖啡馆

咖啡馆位于面朝伏尔塔瓦河的国家剧院斜对面建筑物的一楼，曾经是文人们聚集的名咖啡馆；现如今咖啡馆在作家、戏剧评论家等文化人中也很有

人气。馆内宽敞明亮，富有现代感。

咖啡店（老城区）

莫扎特咖啡馆
Café Mozart

地图 p.69-G　　　　　　英🔴 英👤

交 从地铁A、B线Mustek站步行5分钟　🏠 Staroměstské Náměstí 22　☎ 221632522　🕐 7:00～22:00　休 无　💰 55Kč~

从馆内可以远眺布拉格天文钟

咖啡馆位于面朝老城区广场的建筑物的二楼。从咖啡馆靠窗的座位上能看到老城区市政厅的天文钟。咖啡馆内装修基调为绿色，氛围令人愉快。店内供应30种蛋糕。

Shopping 购物

布拉格

宝石·波希米亚玻璃制品（老城区）

尔皮特商店
Erpet

地图 p.69-G

🚇 从地铁A、B线Mustek站步行5分钟
✉ Staroměstské Náměstí 27　☎ 224229755
🕐 10:00~23:00　休 无

波希米亚玻璃制品和石榴石制品专营店

是一家经营波希米亚玻璃、石榴石制品的店。店里出售来自各种工作室的波希米亚玻璃制品。店内手工打造的长脚杯套装2990Kč~。

宝石·波希米亚玻璃（老城区）

车勒特那水晶店
Celetná Crystal

地图 p.69-G

🚇 从地铁B线Namesti Republiky站步行4分钟
✉ Celetná 15　☎ 222324022
🕐 10:00~22:00（冬季~19:00）　休 12月25日

在奢华的氛围中购物

除了波希米亚玻璃，店内还有很多设计精美的石榴石和琥珀饰品，特别是Sevcik氏手工打磨的高质量的波希米亚玻璃，享有"人间至宝"的美誉。

波希米亚玻璃（老城区）

墨瑟工艺品店
Moser

地图 p.69-G

🚇 从地铁A、B线Mustek站步行5分钟
✉ Napříkopě 12　☎ 224221293
🕐 10:00~20:00（周日、节假日~19:00）　休 无

有着悠久历史的传统店铺

店铺始创于1857年。和称为波希米亚玻璃的打磨玻璃制品不同，店内工艺品是以彩色珐琅或黑胆石制成的高等级品质的工艺品。商店的顾客里面不乏欧洲的王室贵族成员。大厅般豪华的店里，展示着各种珍品。

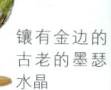

墨瑟的原创工艺品

镶有金边的古老的墨瑟水晶

古玩杂货（老城区）

安道勒古玩店
Antique Andrle

地图 p.68-F

🚇 从地铁A线Staromestska站步行2分钟
✉ Platnéřská 6　☎ 222 311 625
🕐 10:00~19:00（周日~18:00）　休 无

放心古玩店

除了古画、古陶器以外，店内还有很多捷克产的石榴石饰品。店内商品几乎囊括从中世纪开始到1940年的各种物品，价格实惠。

小知识

吸引了王室贵族的波希米亚玻璃

有着很多森林的波希米亚，盛产制造玻璃的原料——硅石。13世纪后半期这里开始生产玻璃，因为同样盛产能够增加玻璃透明度的碳酸钾（木材的灰），于是生产出了高品质的玻璃。16世纪红色、绿色、黑色等不同颜色的精美工艺品纪布拉格成为首都以后，玻璃生产工艺得到进一步发展，成功地吸引了欧洲王室贵族的关注。现在仍有不少工作室在持续创造珍品。一款款个性化生产的、手工打造的玻璃，风采华美，让人爱不释手。

拥有500余种不同款式和造型的杯子

81

陶器制品（老城区）

马乔里卡彩釉陶器
Faïence Majolica

地图 p.69-G

交 从地铁B线Namesti Republiky 站步行5分钟　⊠ Ungert 641/Týn 4　☎ 224-815 728　营 10:00~19:00（1~3月·18:00）　休 无

选件捷克陶器作为礼物吧

　　店铺在老城区中心的温凯卢特。捷克风格的独特图案很漂亮，带网状花纹的餐盘。马克杯和小茶壶也很可爱。

串珠（新城区）

宝石小姐商店
Miss Bijpux

地图 p.69-K

交 从地铁A、B线Mustek站步行3分钟　⊠ Václavské nám.23　☎ 224-243-627　营 10:00~20:00（周日·18:00）　休 无

配件丰富的串珠专卖店

　　除了手工制作的串珠饰品，店内还摆满了价廉物美的串珠配件。一袋串珠配件40Kč起步。

民间工艺品（老城区）

曼菲罗工艺品店
Manufaktura

地图 p.69-G

交 从地铁A、B线Mustek站步行3分钟　⊠ Melantrichova 17　☎ 221632480　营 10:00~20:00　休 无

温暖人心的木制品工艺店

　　店铺汇集了朴素的木制品、陶器和用草木染色的布匹等民间工艺品。在查理大街、奈鲁道瓦街也有分店。

杂货（老城区）

插图画家之家
Fun Explosive

地图 p.68-F

交 从查理大桥步行5分钟　⊠ Karlova28　☎ 222220226　营 10:00~21:00（冬季·20:00）　休 无

著名插图画家作品主题商店

　　世界闻名的捷克插图画家瓦特卢巴的作品，在店里变成了T恤、杯子等物件上的装饰；美术明信片也很有人气。在布拉格以奈鲁道瓦大街的专营店为首，开有数家分店。

木制玩具（老城区）

波哈多卡玩具店
Pohádka

地图 p.69-G

交 从地铁A、B线Mustek站步行5分钟　⊠ Celetná 32　☎ 224239469　营 9:00~20:00　休 无

马里奥拼图、游戏玩具丰富多样

　　出售提线木偶（小号200Kč起步）等木制玩具的一家店。除了有人气的鼹鼠角色玩偶，布制玩偶等动漫衍生商品外，还有很多有益于锻炼大脑的木制游戏玩具。

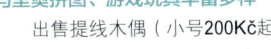

自然护肤品（老城区）

菠丹妮专营店
Botanicus

地图 p.69-G

交 从地铁B线Namesti Republiky 站步行5分钟　⊠ Týn 3　☎ 234767446　营 10:00~18:30　休 无

专营对身体有益的自然护理商品

　　店内商品是用从有机栽培农场种植的天然植物中提取出来的精华制作而成的，不添加杂质。店内有肥皂、洗发露、身体护理用品、基础性化妆品以及香草茶等物品。

Stay 住宿

布拉格

凯宾斯基酒店
Kempinski Hybernska

地图 p.69-H ★★★★★

交 从地铁B线Namesti Republiky站步行3分钟
✉ Hybernska12
☎ 226226111 FAX 226226123
€340～ 室 75
HP www.kempinski.com/prague

布拉格帝国艺术装饰酒店
Art Deco Imperial Hotel Prague

地图 p.69-D ★★★★★

交 从地铁B线Namesti Republiky站步行3分钟
✉ Na Porici15
☎ 246011600 FAX 246011699
€230～ 室 126
HP www.hotel-imperial.cz

布拉格四季酒店
Four Seasons Hotel Prague

地图 p.68-F ★★★★★

交 从地铁A线Staromestska站步行2分钟
✉ Veleslavínova 2a
☎ 221427000 FAX 221426000
T€350～ 室 161
HP www.fourseasons.com/prague

波希米亚大酒店
Grand Hotel Bohemia

地图 p.69-G ★★★★

交 从地铁B线Namesti Republiky站步行1分钟
✉ Králodvorská 4
☎ 234608111 FAX 222329545
S€112～、D€114～ 室 78
HP www.grandhotelbohemia.cz

帕吉休酒店
Hotel Paříž

地图 p.69-H ★★★★★

交 从地铁B线Namesti Republiky站步行1分钟
✉ U Obecího domu1
☎ 222195195 FAX 224225475
S€315～、D€315～ 室 86
HP www.hotel-pariz.cz

布拉格洲际酒店
Hotel Inter-Continental Prague

地图 p.69-C ★★★★★

交 从地铁A线Staromestska站步行5分钟
✉ Pařížská 30 ☎ 296631111 FAX 224811216
ST€142～、D€142～
室 372
HP www.intercontinental.com

布拉格文华东方酒店
Mandarin Oriental Prague

地图 p.68-E ★★★★★

交 从12、22、23路电车Hellichova站步行5分钟
✉ Nebovidská 459/1
☎ 233088888 FAX 233088668
S€235～ 室 99
HP www.mandarinoriental.com/prague

霍夫迈斯特温泉酒店
Hotel Hoffmeister

地图 p.66-B ★★★★★

交 从地铁A线Malostranska站步行3分钟
✉ Pod Bruskou 7 ☎ 251017111 FAX 251017120
€195～ 室 38
HP www.hoffmeister.cz

布拉格艾莉亚酒店
Aria Hotel Prague

地图 p.68-A ★★★★★

交 从12、20、22路电车Malostranske namesti站步行3分钟
✉ Trziste 368/9 ☎ 225334111 FAX 225334666
€225～ 室 51
HP www.ariahotel.net

布拉格宫殿酒店
Hotel Palace Praha

地图 p.69-G ★★★★★

交 从地铁A、B线Mustek站步行4分钟
✉ Panská 12
☎ 224093111 FAX 224221240
€170～、D€170～ 室 124
HP www.palacehotel.cz

布拉格希尔顿大酒店
Hilton Prague Hotel

地图 p.67-D ★★★★★

交 从地铁B、C线Florenc站步行3分钟
✉ Pobřežní 1
☎ 224841111 U 224842378
S€120～、D€120～ 室 788
HP www.prague.hilton.com

布拉格滨海酒店
Esplanade Hotel Prague

地图 p.69-L ★★★★

交 从地铁A、C线Museum站步行3分钟
✉ Washingtonova 19
☎ 224501111 FAX 224229306
S€86～、D€129～ 室 74
HP www.esplanade.cz

老城区 / 弗拉切尼斯图代纳 / 新城区

卫星转播信号　室内游泳池　健身房　购物中心　咖啡厅　商务中心

83

新城区

布拉格万豪酒店
Prague Marriott Hotel
地图 p.69-H ★★★★★
交 从地铁B线Namesti Republiky 站步行3分钟
✉ V Celnici8
☎ 222888888　FAX 222888889
金 S4500Kč~、D4500Kč~　室 293
HP www.marriott.com

布拉格希尔顿老城区酒店
Hilton Prague Oldtown Hotel
地图 p.69-H ★★★★★
交 从地铁B线Namesti Republiky 站步行1分钟
✉ V Celnici 7
☎ 221822100　FAX 221822200
金 S€199~、D€310~　室 310
HP www.hilton.com/pragueoldtown

布拉格阿尔克朗丽笙酒店
Radisson Blu Alcron Hotel Prague
地图 p.69-K ★★★★★
交 从地铁A、C线Museum步行5分钟
✉ Štěpánská 40
☎ 222820000　FAX 222820100
金 €176~　室 206
HP www.radissonblu.com/hotel–prague

布拉格老城中心酒店
Hotel Century Old Town Prague
地图 p.69-D ★★★
交 从地铁B线Namesti Republiky 站步行3分钟
✉ V Na Poříči 7
☎ 221800800　FAX 221800801
金 S€180~、D€180~　室 174
HP www.mercure.com

乐巴莱酒店
Hotel Le Palais
地图 p.67-L ★★★★★
交 从地铁C线I.P.Pavlova站步行5分钟
✉ U Zvonařky1
☎ 224634611　FAX 222563350
金 €220~　室 72
HP www.palaishotel.cz

布拉格阿米西斯特酒店
Ametyst Hotel Praha
地图 p.67-L ★★★★
交 从地铁B线Namesti Miru站步行8分钟
✉ Jana Masaryka11
☎ 222921921　FAX 222921999
金 €75~　室 84
HP www.hotelametyst.cz

郊外

布拉格科伦西亚酒店
Corinthia Hotel Prague
地图 p.67-K ★★★★★
交 从地铁C线Vysehrad站步行5分钟
✉ Kongresová 1
☎ 261191111　FAX 261225011
金 S€160~　室 544
HP www.corinthiahotels.com

布拉格安德尔斯酒店
Andel's Hotel Prague
地图 p.66-J ★★★★
交 从地铁B线Andel站步行2分钟
✉ Stroupěnického 21
☎ 296889688　FAX 296889999
金 S€176~、D€176~　室 239
HP www.andelshotel.com

外交官酒店
Hotel Diplomat
地图 p.66-A ★★★★
交 从地铁A线Dejvicka站步行2分钟
✉ Evropská 15
☎ 296559111　FAX 296559215
金 S€90~、D€145~　室 398
HP www.diplomathotel.cz

布拉格全景酒店
Panorama Hotel Prague
地图 p.67-L ★★★★
交 从地铁C线Pankrac站步行4分钟
✉ Milevská 7
☎ 261161111　FAX 261164141
金 S€110~、D€110~　室 450
HP www.panoramahotelprague.com

布拉格皇冠假日酒店
Crowne Plaza Prague
地图 p.66-B ★★★★
交 从地铁A线Dejvicka站步行12分钟
✉ Koulova 15
☎ 224393111　FAX 224310616
金 S€105~、D€105~　室 254
HP www.ihg.com

布拉格河畔马梅森酒店
Mamaison Riverside Hotel Prague
地图 p.66-J ★★★★
交 从地铁B线Andel站步行8分钟
✉ Janáckovo nábřeží
☎ 234705155　FAX 296559215
金 €109~　室 80
HP www.riversideprague.com

布拉格周边1日游 ❶

巡游捷克古城

连绵不断的古城是捷克的精彩看点，其中最有特色的要数位于布拉格城堡前面的卡卢卢休特因城了。在布拉格近郊，值得一看的还有特洛亚城和科诺比修切城等城市。

特洛亚城
Trojský zámek　　地图 p.67-D图外

■从地铁C线Nadrazi Holesovice站搭乘出租车3分钟到达
■120Kč　10:00~18:00（11月~次年3月~17:00）周一休息

古城建于17世纪末，位于布拉格城北郊，多巴洛克式风格建筑。城内的美术馆对外开放，能观赏到波希米亚玻璃藏品以及有名的天花板画"国王的房间"等作品。

卡卢卢休特因城
Hrad Karlštejn　　地图 p.6-F

■从布拉格中央站开始40分钟到Karlstejn车站，再步行30分钟　■线路1 270Kč　线路2 300Kč　9:30~17:00　11月~次年2月周一休息

古城建于布拉格西南约三千米的山中，是中世纪时期作为要塞而建的城市，十分优雅。古城于1348年应波希米亚国王、神圣的罗马帝国的君王——查

理四世的要求而建，1357年完工。城内的圣十字架礼拜堂极其奢华，墙上嵌着镶有金边的宝石。

科诺比修切城
Zámek Konopiště　　地图 p.6-F

■从布拉格中央站开始约1个小时到Benesov U Prahy车站，再步行30分钟
■线路Ⅱ 210Kč、线路Ⅲ 310Kč
10:00~12:00、13:00~17:00　周一、12月~次年3月下旬休息

古城以13世纪末期建成的要塞为基础，在18世纪末大致修建成了今天的规模。城内有土耳其皇帝赠予的内宅小房屋。

珍藏着大量的古代武器

布拉格周边1日游 ❷

参观波希米亚温泉疗养地

在临近德国的西波希米亚，有个古老的温泉疗养地。欧洲的王室贵族、政治家、作曲家和艺术家们多次往返于此。

卡罗维发利
Karlovy Vary　　地图 p.6-F

去往卡罗维发利
铁路▶布拉格到卡罗维发利站，约3个小时20分钟　巴士▶布拉格到卡罗维发利站（车次很多），约2个小时15分钟
旅游服务中心
Mlýnské nábřeží 5　☎ 355-321176
9:00~17:00（周六、周日10:00~）

站在高处俯瞰卡罗维发利

14世纪中期，查理四世来此狩猎，发现了温泉；卡罗维发利意思即"查理的温泉"，德

布吉德鲁尼广场的科罗娜达

语称为卡鲁斯巴特。18世纪时，卡罗维发利作为疗养地在欧洲为人熟知。美丽的街道集中在泰普拉河沿岸。城镇的中心布吉德鲁尼广场，除了有温泉，也有很多酒店、餐厅咖啡馆。

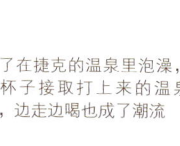

除了在捷克的温泉里泡澡，用杯子接取打上来的温泉水，边走边喝也成了潮流

捷克克鲁姆洛夫
ČESKÝ KRUMLOV

地图 p.6-F

城市被蜿蜒曲折的河流环抱着，以高岗上的城堡为中心展开，保留着文艺复兴式风格的街道。成为世界文化遗产的这座小城市，也是画家埃贡席勒所喜爱的城市。

完全被河流包围着的捷克克鲁姆洛夫城

ACCESS 铁路▶从布拉格出发，在布杰约维采(Budějovice)换乘，约需3小时40分钟
巴士▶从布拉格出发约需3小时

i 观光咨询处
老城区。Náměstí Svornosti 2
9:00～19:00（4、5、10月营业至18:00，11月～次年3月营业至17:00，周六、周日、节假日中午13:00～14:00休息）

城市概览

捷克克鲁姆洛夫是一座位于S形流向的伏尔塔瓦河高岗上的城市，13世纪在平地上扩建了城镇，14世纪开始作为罗热姆韦尔家族的城镇发展起来。18世纪，在贵族施瓦岑贝格家族的带领下，克鲁姆洛夫成了仅次于布拉格的第二大城市。但是19世纪末期开始，城市开始衰落，在近代化的步伐中掉了队。城中至今仍完好保存着中世纪文艺复兴式的街道，1992年被列入世界文化遗产。

观光亮点

从车站步行至老城区约需20分钟。

◆ **城堡和老城区值得一看的中心**

城堡和被伏尔塔瓦河环抱着的老城区由北侧的城堡山分隔开来。走过赫鲁尼桥，便是老城区鳞次栉比的房屋，狭窄的小巷纵横交错。去克鲁姆洛夫城堡要经过拉泽布尼基大桥，到达拉特朗大街。进了城门，可以从高耸的城堡塔上远眺老城区的全景。从鲁久酒店的顶部眺望克鲁姆洛夫城堡和老城区也不错。

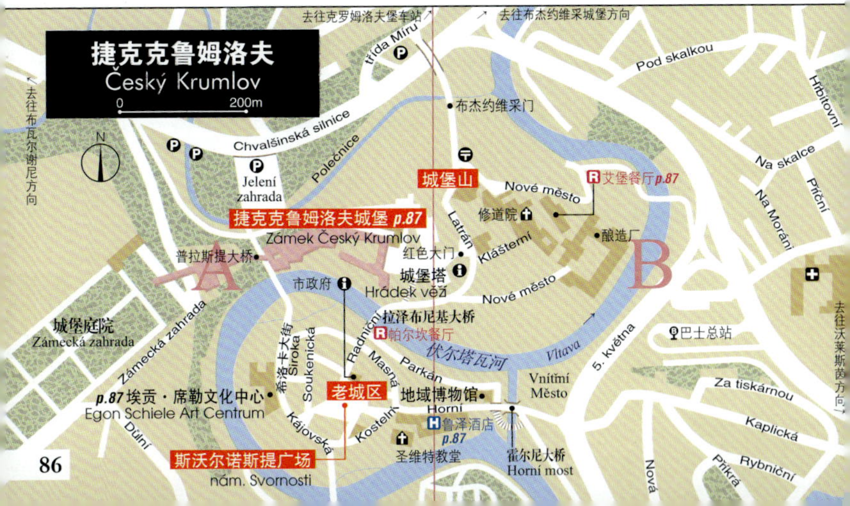

捷克克鲁姆洛夫
Český Krumlov
0   200m

去往克罗姆洛夫堡车站方向　去往布杰约维采城堡方向

去往布瓦尔谢尼方向

trída Míru

布杰约维采门

Chvalšínská silnice

Polečnice

Pod skalkou

Jelení zahrada

城堡山

Nové město

艾堡餐厅 p.87

修道院

Hřbitouní

Na skalce

Příční

普拉斯提大桥

捷克克鲁姆洛夫城堡 p.87
Zámek Český Krumlov

Latrán

红色大门

Klášterní

酿造厂

Na Moráni

城堡塔

Nové město

Zámecká zahrada

市政府

Hrádek věž

城堡庭院
Zámecká zahrada

拉泽布尼基大桥

帕尔坎餐厅

Radniční

Masná

Parkán

伏尔塔瓦河

Vltava

5. května

巴士总站

p.87 埃贡·席勒文化中心
Egon Schiele Art Centrum

希罗卡大街
Široká

Soukenická

Kájovská

老城区

地域博物馆

Horní

鲁泽酒店
p.87

Vnitřní Město

Za tiskárnou

Kaplická

斯沃尔诺斯提广场
nám. Svornosti

Kostelní

圣维特教堂

霍尔尼大桥
Horní most

Nová

Příká

Rybníční

去往沃莱斯货方向

86

Sightseeing 观光

捷克克鲁姆洛夫城堡
Zámek Český Krumlov

地图 p.86-A ✷✷✷

■从斯沃尔诺斯提广场步行约7分钟　■观光路线1：150Kč（英语导游250Kč）、观光路线2：130Kč（英语导游240Kč）　9:00～17:00（6～8月～18:00）　周一、11月～次年3月休息

在波希米亚地方城市中，克鲁姆洛夫城是规模仅次于布拉格城的大城市。城市由13世纪前半期的领主克鲁姆洛夫修建，14世纪替换成了文艺复兴风格。现在仍保存着13世纪前半期城市的遗址。彩色釉雕的圆柱形建筑保留了建筑最初的模样，不论从城镇的哪个方向都能看得到它。不同风格的建筑物集中在第一至第五院里，走过普拉斯提桥便绿意盎然。

中间第二个院子的一角，有着建于13世纪前半期的圆柱形城堡塔，登上城堡塔，伏尔塔瓦河就在脚下，橙黄色屋顶的房屋错落有致、绵延不绝。

老城区中心斯沃尔诺斯提广场

埃贡·席勒文化中心
Egon Schiele Art Centrum

地图 p.86-A ✷✷

■从斯沃尔诺斯提广场步行3分钟　■120Kč　10:00～18:00　全年无休

因为捷克克鲁姆洛夫是母亲的故乡，埃贡·席勒喜欢探访这里，并留下了许多风景画。在藏着他的作品的美术馆里，展示着席勒的照片、信件等，也展示着库里姆特、毕加索等活跃于19世纪末至20世纪初的美术大师的作品。

成为城镇象征的城堡塔
绘有古代罗马之神的内院壁画装饰值得一看

Eating 美食

波希米亚料理·啤酒屋（城堡山）

艾堡餐厅
Restaurace Eggenberg

地图 p.86-B　　　　英👤 英📋

🚍从布杰约维采门车站步行约5分钟
✉Latrán 27　☎380-711426　🍴11:00～22:00
休无　💰150Kč～

能喝到当地啤酒的餐厅

艾堡餐厅是直营当地啤酒——艾根柏鲁库啤酒的餐厅。餐厅旁边的酿造室里酿造的啤酒很好喝，在这里还能吃到古拉修、马斯等淡水鱼。

Stay 住宿

老城区	**鲁泽酒店** Hotel Růže 🖼️🚗🐕🛏️🖥️ 地图 p.86-B　★★★★★	🚍从老城区斯沃尔诺斯提广场步行5分钟 📍Horní 54 ☎380-772100　FAX 380-713146 💰€189～　🛏️70 HP www.hotelruze.cz

布拉迪斯拉发

BRATISLAVA 地图 p.6-F

布拉迪斯拉发是斯洛伐克的首都，位于多瑙河畔。曾经是匈牙利首都，老城区中保留着许多美丽的古老街道。

位于城市最高处的布拉迪斯拉发城堡，有着"掀翻的桌子"的奇名

ACCESS **去往布拉迪斯拉发**

铁路▶从布达佩斯出发约需2小时40分钟，从布拉格出发约需4小时10分钟　巴士▶从维也纳出发约需1小时

观光咨询处

老城区旧市政厅广场8:30~18:00（周六9:00~16:00、周日10:00~15:00）　6~9月为：8:30~19:00（周六9:00~17:00、周日10:00~17:00）

城市概览

布拉迪斯拉发城历史悠久，1世纪开始罗马帝国就在此建要塞。7世纪时，从现在的捷克的莫拉维尔地方到斯洛伐克地区，西斯拉夫人在此成立了最初的国家，此后该地域被马佳卢人占领，16~18世纪成为匈牙利王国首都。因在19世纪左右爆发了民族复兴运动，1918年布拉迪斯拉发正式回归捷克斯洛伐克共和国；1992年，捷克和斯洛伐克联邦共和国解体，1993年，斯洛伐克宣告独立，成立了斯洛伐克共和国，布拉迪斯拉发成为首都。现如今布拉迪斯拉发虽然因工商业的繁荣而加速了近代化，却仍保留着旧时街道的痕迹。斯洛伐克于2004年加入欧盟、2009年开始加入欧洲。

观光亮点

哈布斯堡家族的女皇玛丽居住过的布

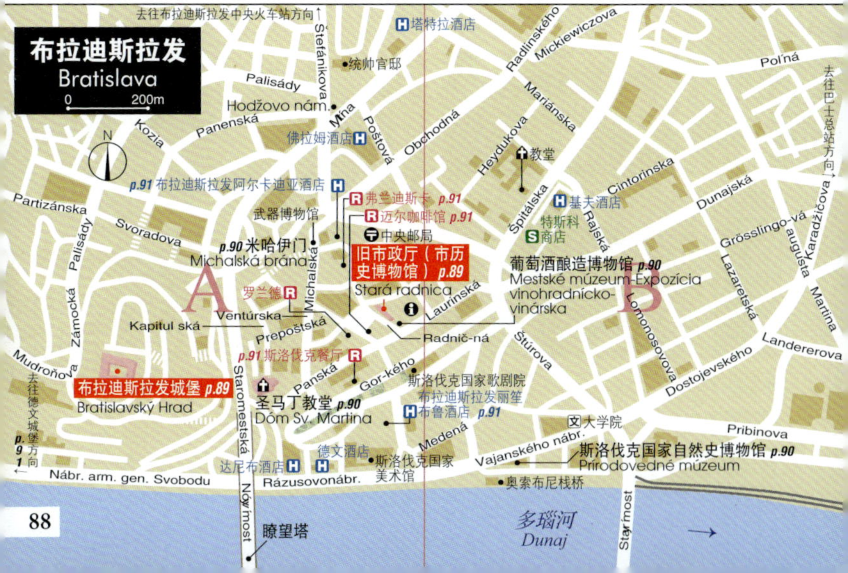

布拉迪斯拉发
Bratislava
0
200m
去往布拉迪斯拉发中央火车站方向
塔特拉酒店
Štefánikova
统帅官邸
Palisády
Hodžovo nám.
Mýtna
Poštová
Obchodná
Radlinského
Mickiewiczova
Mariánska
Heydukova
Polná
去往巴士总站方向
教堂
Panenská
Kozia
佛拉姆酒店
p.91 布拉迪斯拉发阿尔卡迪亚酒店
弗兰迪斯卡 p.91
迈尔咖啡馆 p.91
中央邮局
武器博物馆
p.90 米哈伊门
Michalská brána
旧市政厅（市历史博物馆）p.89
Stará radnica
Laurinská
Partizánska
Palisády
Svoradova
Michalská
罗兰德
Ventúrska
Kapitul ská
Zámocká
Prepoštská
Radnič-ná
Špitálska
基夫酒店
特斯科
商店
Rajská
Cintorínska
Dunajská
Grösslingo-vá
augusta
Karadžičova
葡萄酒酿造博物馆 p.90
Mestské múzeum-Expozícia vinohradnícko-vinárska
Lazaretská
Lomonosovova
Martina
Landererova
Šturova
Dostojevského
p.91 斯洛伐克餐厅
Mudroňova
布拉迪斯拉发城堡 p.89
Bratislavský Hrad
去往德文城堡方向 p.91
Staromestská
Panská
Gor-kého
圣马丁教堂 p.90
Dóm Sv. Martina
斯洛伐克国家歌剧院
布拉迪斯拉发丽笙
布鲁酒店 p.91
大学院
Pribinova
Medená
德文酒店
达尼布酒店
斯洛伐克国家美术馆
Vajanského nábr.
斯洛伐克国家自然史博物馆 p.90
Prírodovedné múzeum
奥索布尼栈桥
Nábr. arm. gen. Svobodu
Rázusovonábr.
Nový most
瞭望塔
多瑙河
Dunaj
Starý most

拉迪斯拉发城堡、马鲁泰恩教堂和米哈伊门，构成了老城区的观光中心。城市中心广场四周聚集着历史悠久的咖啡馆。城郊的德文城堡，因作为多瑙河与道纳乌河交汇处的要塞而得到了修复。

◆ **布拉迪斯拉发的美味**

在街道的周围，葡萄园向外扩散，这些葡萄园作为红酒的产地非常有名。加绵羊乳酪奶油酱和培根、土豆的意大利面是这里的特色菜。

◆ **布达迪斯拉发的节日**

纪念举行匈牙利国王加冕典礼的时代，如历史画卷般的加冕典礼祭祀在9月的第一个星期六举行。

国王出行的国王大道用王冠记号作标记，通往圣马丁教堂

市内交通

布拉迪斯拉发的公共交通工具有电车、公共汽车和无轨电车。虽然在老城区周边游览可以徒步，但到中央车站和公交车站乘交通工具更方便。车票是通用的，费用是根据时间计算的。在车站售票处或自动售票机买票后，乘车时在车内的打票机上刻上印记。

电车 Tramvaj

费用：15分钟以内€0.25　30分钟以内€0.35

中央车站和多瑙河之间路线密布，如蜘蛛网一般。连接中央车站和老城区的是一号线。

公共汽车 Autobus

费用：参考电车收费标准

去德文城堡和郊外时乘坐。开往德文城堡的公交车站在德文城堡下，乘坐28路公共汽车。

布拉迪斯拉发的区号 02

Sightseeing 观光

布拉迪斯拉发城堡
Bratislavaský hrad ✹✹✹

地图 p.88-A

■从Staromestska大道的登山口步行7分钟
■€4　10:00~18:00　周一休息

城堡建造在多瑙河畔的山丘上。12世纪时按罗马式风格样式建造的石砌城，在15世纪中期被改建成哥特式的要塞。之后为了防备奥斯曼土耳其的侵略，在四角附造了楼塔，形成了现在的形状。16世纪因布拉迪斯拉发成为匈牙利王国的首都，城堡承担了作为国王城堡的职责。如今城堡内的一部分、宝物馆和骑士的房间开放。从城堡内和山上眺望，街区和多瑙河一览无余。

架着展望塔的多瑙河　　从城堡内眺望老城区

旧市政厅（市历史博物馆）
Stará radnica ✹✹

地图 p.88-A

■中央广场附近　€3.5　10:00~17:00（10月~次年4月为9:00~）　周一休息

位于老城区的中心，中央广场的东侧，能看到哥特式和巴洛克式两种风格的建筑，内部有布拉迪斯拉发的历史资料展示，也时常有家具、工艺品等的展览。

中心广场和有塔的旧市政厅

葡萄酒酿造博物馆
Mestské múzeum-Expozícia vinohradnícko-vinárska
地图 p.88-B　❄❄

■中央广场附近
■€1　9:30~16:30（周六、周日11:00~18:00）
周一休馆

博物馆内展示着布拉迪斯拉发周边栽培葡萄的历史以及和葡萄酒的制作工艺。游客在馆内可了解葡萄酒制造的工艺、参观古老的酒桶和贮藏室。

米哈伊门
Michalská brána
地图 p.88-A　❄❄

■从中央广场步行3分钟
■武器博物馆　€4.3　10:00~17:00（周六、周日11:00~18:00）　周一休息

老城区曾经被城墙包围，米哈伊门是城门之一，也是现在保留下来的唯一的门。14世纪创建时为哥特式的建筑，16世纪改建为文艺复兴式，到了18世纪加建了巴洛特式的屋顶。从米哈伊门的最上部可眺望整个老城区，视野开阔。如今米哈伊门作为武器博物馆使用。

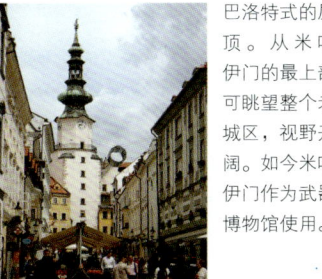

与米哈伊门相连的米哈伊大街

圣马丁教堂
Dóm sv. Martina
地图 p.88-A　❄❄

■从中央广场步行5分钟
■€2　9:00~11:30、13:00~17:00（周日13:30~16:30）　全年无休

1452年创建的罗马式风格的教堂

内有1765年建造的高85米的塔。教堂是建造维也纳斯特凡大教堂的建筑家所建，在布拉迪斯拉发作为匈牙利王国首都的1563~1830年，包括女王在内的7人曾在圣马丁教堂举行过多达19次的匈牙利王加冕仪式。

匈牙利王玛利亚·特蕾西亚的加冕仪式在此举行

斯洛伐克国家自然史博物馆
Prírodovedné múzeum
地图 p.88-B　❄❄

■从中央广场步行7分钟
■€3.5　9:00~17:00　周一休馆

博物馆位于奥索布尼茨桥北侧。馆内有斯洛伐克的古地图、传统家具及包含陨石的矿物收藏等展出。

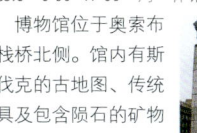

📷 摄影最佳视角

散落在老城区各角落的独特的青铜像

在保留着中世纪街区的老城区，散布着城市艺术家们制作的各种青铜像。这些青铜像有的在柱子后面藏着身形，有的从下水道探出头来窥视，还有真人大小的人物如融入闹市般矗立着，也有瞬间吓人一跳的真人般的铜像。在街上散步时注意看看，会收获很多乐趣。

宛如下一秒就动起来的青铜像散布在街道各处

布拉迪斯拉发

德文城堡
Devýnsky hrad

**

地图 p.88–A图外

■从布拉迪斯拉发城堡下方的公交站乘28路公交车约需30分钟（周六、周日乘29路）

■€3　10:00~17:00（5~9月的周六、周日~19:00）　周一、11月~次年3月休息

　　德文城堡在布拉迪斯拉发城西约十千米处，建在摩拉瓦和多瑙河交汇处的山上。1~5世纪，德文城堡是和布拉迪斯拉发城堡同时作为罗马帝国战略据点的重要城堡。9世纪时德文城堡作为大摩拉维亚帝国的要塞完成了职责。1809年城堡被拿破仑率领的法国军队攻破，成了废墟，如今正在进行修复。城堡遗址中现在有当时的城门钥匙和历代国王画像的展示。

Eating 美食

斯洛伐克菜（老城区）

斯洛伐克餐厅
Slovenská reštaurácia

地图 p.88–A　　　　　　英🔊 英👤

🚇 从中央广场步行5分钟
✉ Hviezdoslavovo námestie 20　☎ 54434883
🕐 11:00~23:00　休 无　金 €10~

Stay 住宿

味道和服务一流

　　餐厅在国家歌剧院的附近。在这家1995年开业的店铺里能吃到类似意大利面的土豆疙瘩等传统的斯洛伐克菜。

咖啡&餐厅（老城区）

迈尔咖啡馆
Koffee Mayer

地图 p.88–A　　　　　　英🔊 英👤

🚇 位于中央广场对面
✉ Hlavné nám. 4　☎ 54411741
🕐 9:00~24:00（10月~次年4月为9:30~22:00）
休 无　金 €2.5~

历史悠久的咖啡馆

　　咖啡馆面对着老城区广场，店中挂有茜茜公主的画像，沉淀着历史感的宁静氛围让人着迷。

葡萄酒（老城区）

弗兰迪斯卡
Vináreň Veľkí františkáni

地图 p.88–A　　　　　　英🔊 英👤

🚇 从中央广场步行3分钟
✉ Františkánske nám. 10　☎ 54433073
🕐 17:00~次日1:00　休 无　金 €5~

现场演奏民族音乐

　　在修道院前面。店内葡萄酒种类丰富，可以根据葡萄种类进行选择。晚上店内会上演民族音乐演奏。

老城区	**布拉迪斯拉发丽笙布鲁酒店** Radisson Blu Carlton Hotel Bratislava 🏠 🐶 📺 🛁 地图 p.88–B　　★★★★★	🚇 从中央广场步行7分钟 ✉ Hviezdoslavovo námestie 3 ☎ 59390000　FAX 59390010 金 S€170~、D€170~　室 170 HP www.radissonblu.com/hotel-bratislava
	布拉迪斯拉发阿尔卡迪亚酒店 Arcadia Hotel Bratislava 🏠 🐶 📺 地图 p.88–A　　★★★★★	🚇 从中央广场步行3分钟 ✉ Františkánska 3 ☎ 59490500　FAX 59490555 金 S、D€180~　室 34 HP www.arcadia-hotel.sk

91

布达佩斯

BUDAPEST

地图 p.7-G

布达佩斯被赞为"多瑙河明珠""多瑙河玫瑰"。城市分布在多瑙河两岸，庄严的王宫和华丽的国会议事堂成为观光的亮点。

多瑙河河畔的国会议事堂

ACCESS 去布达佩斯的路线

飞机▶从欧洲的各大都市换乘，大约12小时　铁路▶从维也纳乘火车大约3小时

ℹ️ 观光咨询处

德阿克广场观光咨询处
■Sütő u. 2　■8:00~20:00（10月~次年3月的周六~15:00）　10月~次年3月的周日休息

历史概况

10世纪匈牙利王国建立时，首都曾是艾斯特根，13世纪蒙古军来袭后，首都被搬迁到布达的山上。16世纪中叶起，包括布达的中央地区和南匈牙利都处于土耳其的支配下。因为这场战争，匈牙利王族的血脉断绝，王位继承权转移至哈布斯堡家族，西北匈牙利成为哈

布斯堡家族的领地。

1699年，哈布斯堡家族把土耳其赶出国境、统治了匈牙利全境。18世纪初期和19世纪中期，哈布斯堡家族发起的独立战争全部失败。稳健派领导者们希望和哈布斯堡家族和谈，于是1867年奥匈帝国成立。

第一次世界大战中奥匈帝国战败，帝国瓦解，匈牙利独立。第二次世界大

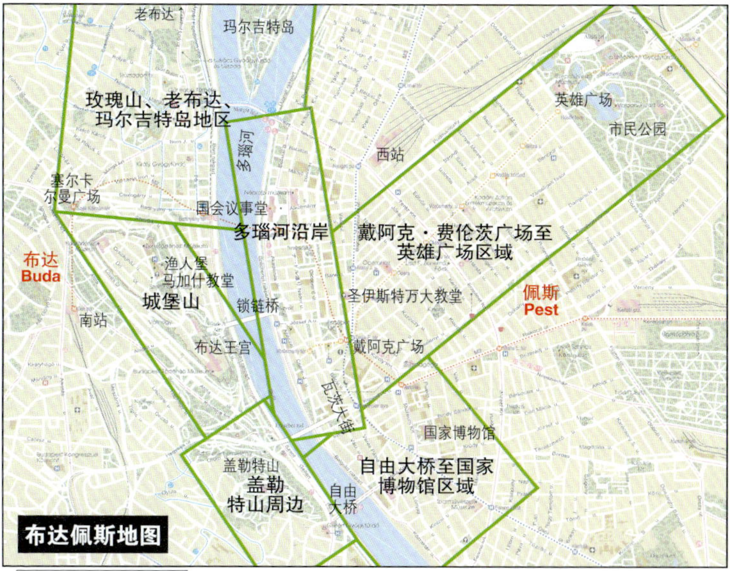

布达佩斯地图

战后，匈牙利成为匈牙利共和国。1956年的匈牙利事件后，匈牙利进行了独立自主的经济改革；1989年国名改为匈牙利共和国。

观光亮点

多瑙河把城市一分为二，由北向南流去。西岸的布达有布达山和盖勒特山，东岸是19世纪急速发展起来的佩斯地区。在多瑙河的沙洲中，充满绿意的玛格丽特岛若隐若现，岛的北侧是布达的发祥地古布达。

◆ **多瑙河沿岸景点会集**

佩斯一侧的多瑙河沿岸地区以戴阿克·费伦茨广场为中心，有处于闹市区的瓦茨大街、国会议事堂和圣伊斯特万大教堂等景点。

国会议事堂只允许在导游带领下游览，大约需90分钟。穿过锁链桥，在城

锁链桥横跨多瑙河上方

堡山上随便走走大约需2小时。渔人堡和马加什教堂的白塔耀眼美丽。最具有布达佩斯风情的景观就是从盖勒特山眺望到的景色：架于多瑙河上的锁链桥和左手边的皇宫、右手边的国会议事堂，多瑙河最美丽的景色在这里汇集。

◆ **布达佩斯的美食**

布达佩斯的菜肴普遍放有辣椒粉。布达佩斯的名菜是炖过牛肉的蔬菜汤，名为牛肉浓汤。美食还有肉馅洋白菜卷和甜椒鸡肉。

推荐旅游线路

布达佩斯2晚3日游

※介绍下午到达当地的方案

第1天

下午 ● 酒店办理入住
稍作歇息，即刻出发。

● 在酒店周边漫游

● 多瑙河邮轮晚宴（→p.104）
可以在河岸的餐厅吃过饭再乘游览，也可以选择在船内享受游船晚餐。

游船晚餐——边吃饭边眺望布达山

第2天

上午 ● 布达王宫观光（→p.100）
欣赏完了渔人堡和马加什教堂之后，利用剩下的时间转一转如今成为美术馆和博物馆的布达王宫。城堡山上有很多位于古老建筑内的餐厅。

下午 ● 盖勒特山游览（→p.101）
从瓦茨大街上看到的多瑙河风景最美。

● 在瓦茨大街购物
布达佩斯的第一闹市区。找寻特产之余，在咖啡店休息，再顺便到中央市场买一些辣椒粉和鹅肝罐头。

● 民族舞蹈、民族音乐欣赏（→p.106）
位于多瑙河一侧城堡山山脚的"布达依维加多"（Budai Vigadó），几乎每天都有民族音乐和舞蹈表演。

第3天

上午 ● 佩斯侧观光（→p.103）
参观完国会议事堂、圣伊斯特万大教堂，在安德拉什大街随便走走，最后游览立有历代领导者像的英雄广场。

下午 ● 酒店退房

93

市内交通

布达佩斯市交通局（BKV）运营的公共交通工具有地铁、电车、公共汽车、无轨电车、登山电车、HEV的郊外电车。对旅行者来说，方便使用的是地铁。出租车推荐等级优良的出租车。

地铁 Metró

费用：单人票350Ft　24小时票1650Ft

有M标记的地铁中，1号线是黄色，2号线是红色，3号线是青色，三条线用色彩相区别。4号线正在建设中。1号线是连接安德拉什大街和戴阿克·费伦茨广场的路线，2号线东西走向横贯市内，能到布拉格去，3号线南北向延伸，3号线戴阿克站为换乘站。运行时间为4:30~23:00前后。乘车方法是在售票机购买乘车票，在检票机上检票后去站台。出站门是自动开关的，出站的时候车票不回收。

电车 Villamos

费用：和地铁相同

市内电车线路密布如蛛网一般。电车的前面标记着目的地、线路数字和用字母标示的路线名。停靠站有通过该站的线路名称和运行时刻表。车门自动开关，第一

次乘车时，要在车门旁边的检票机上检票。电车运行时间为4:30~23:10左右。

公共汽车／无轨电车 Autóbusz/Trolibusz

费用：和地铁相同

公共汽车车身颜色是藏蓝和白色的组合色，红色车体的是无轨电车。去布达王宫要从佩斯侧的戴阿克·费伦茨广场穿过锁链桥到迪datos广场，乘坐16路较方便。上了公共汽车后，将车票通过检票机验票。运行时间为5:00~23:00左右。

布达佩斯市区交通图

M1 M2 M3 地铁
HÉV 郊外电车
MÁV 国家铁路

💬💬 **专业导游建议**

布达佩斯的检票口查票非常严格

在布达佩斯，不仅地铁入口会查票，在出口也会查票。也有过混入电车车票的事件，如果没有通过验票，无论是什么理由都会被收取高额的罚金。因为会经常进行查票，所以一定要记得购买车票，而且注意不要忘记验票！

务必在自动检票机上检票后再乘车

布达佩斯

郊外电车 HÉV
费用：和地铁相同

　　连接市中心和布达佩斯郊外的电车，从地铁M2线的包贾尼站去圣安德烈、奥斯佩泽尔站去哥德勒等地观光乘坐电车十分便利。在市内能使用通用的乘车票，出了布达佩斯市区后费用另算。

出租车 Taxi
基本费用：300Ft（深夜420Ft）

　　只有正规的出租车才有单独的计价器。打车时很有可能被漫天要价；酒店门前等候的出租车各式各样，最好通过酒店的服务台呼叫正规出租车。

Fő Taxi ☎ 2222222
City Taxi ☎ 2111111

布达佩斯导览 NAVI

所需时间 约3小时

国会议事堂内部值得一观！

　　布达佩斯市内通行的三条地铁线在戴阿克·费伦茨广场相交，多数观光点散布在地铁沿线之上。这样，在时间充裕的时候，就可以重温曾经探访过的观光点。跟团线路中一般不包含国会议事堂的内部参观项目，但内部参观却是必不可少的。如果已经跟团走过一圈，接下来中央市场会是很好的选择，在那里能够挑选各种特产。

　　接下来，如果能从盖勒特山上欣赏

豪华的国会议事堂内部光景

最美的多瑙河景色，那就再无遗憾了。时间充裕时，也可以前往瓦茨大街享受购物的乐趣。

使用价值非常高 布达佩斯交通卡

　　在交通卡有效期间，能随意乘坐交通工具，且享受市内景点免费入场或打折门票，此外在餐厅、观光汽车、温泉、歌剧院等处使用也有优惠。交通卡可在主要的地铁站、观光咨询处、酒店等处购买。

24小时有效：4500Ft
48小时有效：7500Ft
72小时有效：8900Ft

POINT 旅行小提示

　　从国会议事堂前乘坐沿着多瑙河行驶的2号线电车可以到达自由桥。隔着多瑙河，马加什教堂、锁链桥、皇宫、伊丽莎白桥等名胜依次显现出来。最后进入自由桥边的中央市场，辣椒粉、鹅肝罐头、托考伊葡萄酒等，匈牙利特产在这里聚集。

中央市场也出售各种辣椒

95

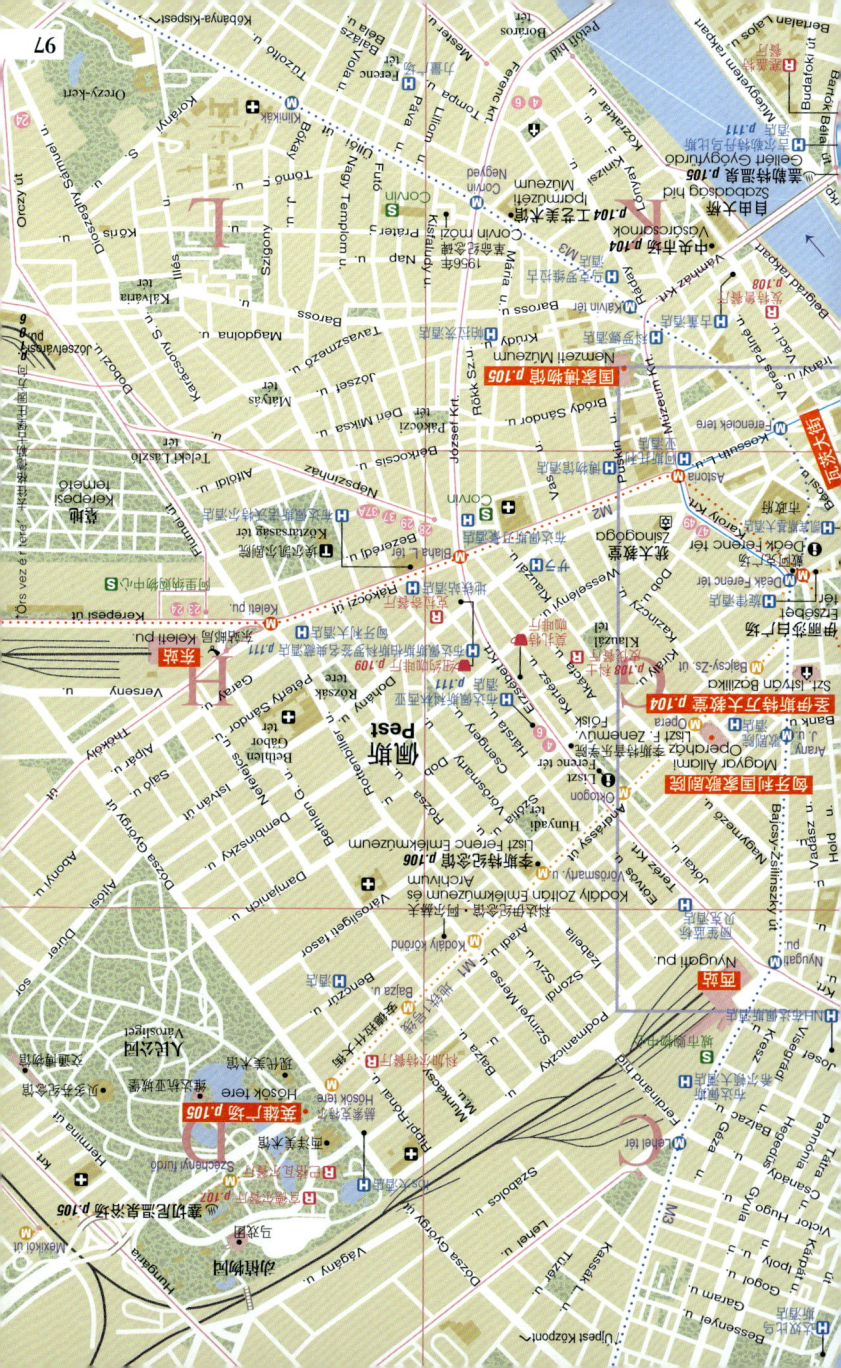

Sightseeing 观光

布达
Buda

位于多瑙河右岸、在布达这一侧隆起的山丘，就是城堡山。它海拔167米，长1.5千米，宽约300米，沿着多瑙河向南北延伸。城堡山几乎完全被城墙包围，被联合国教科文组织收录为世界遗产，是一个历史悠久的地域。

马扎尔样式的屋檐十分美丽

布达王宫
Budavári Polota

地图 p.98-F ✿✿✿

■从戴阿克·费伦茨广场乘公共汽车15分钟
■门票各异

位于城堡山上，作为如今皇宫的基础，布达城堡及王宫建于13世纪中期，15世纪马加王时代改建为华丽的文艺复兴式，见证了中世纪后期匈牙利文化的蓬勃发展。之后于16世纪被奥斯曼·土耳其军队占据、17世纪被哈布斯堡家族支配。20世纪的两场战争使城堡被破坏，之后不断进行修复，如此反复，1960年形成了现在的新古典式风貌。现在王宫成为匈牙利国家美术馆和布达佩斯历史博物馆。

马加什教堂
Mátyás templom

地图 p.98-F ✿✿✿

■三位一体广场前　■1000Ft　9:00~17:00
（周六~12:00、周日13:00~）

乔纳伊出产的马赛克，色彩艳丽地覆盖在这座天主教堂的屋顶。13世纪中期建

成时为罗马式风格教堂，经历了14世纪哥特式的改建和15世纪马加什王时代的改建，逐渐形成了现在的模样。闪闪发光的主祭坛非常美丽，从柱子到墙壁、天花板、甚至细节处都非常美丽。

1867年这里举行了弗朗茨·约瑟夫皇帝作为匈牙利国王的加冕典礼。圣遗物室里展示着教会装饰品等。

三位一体广场
Szentháromság tér

地图 p.98-F ✿✿✿

■从戴阿克·费伦茨广场乘公共汽车15分钟

城堡山的中心地。城堡山的公共汽车站，非常热闹。广场中央矗立着18世纪建造的巴洛克样式的三位一体雕像。雕像和佩斯纪念碑一样，是为了让这个城市永远远离病魔的困扰而建造。

城堡山上悠悠耸立的布达王宫

布达佩斯

渔人堡
Halászbástya
地图 p.98-F ✿✿✿

■三位一体广场附近　■登城600Ft

渔人堡位于马加什教堂之东，面对多瑙河，是一座白色城堡。渔人堡最初是作为1896年建国1000年的纪念建筑物而建，却于1902年完工。城堡附有7座匈牙利式尖塔，有混杂罗马风格和哥特风格的独特回廊。7座塔分别由马扎尔祖先乌戈尔族语系的不同名字命名。渔人堡这个名字，来自于曾经在这里发生过的渔夫联合保护城堡山集市的故事。从渔人堡眺望多瑙河和佩斯城镇，景色非常美丽。城堡前有匈牙利第一位国王圣伊什特万的骑马像。

有着白色屋顶的渔人堡和圣伊什特万骑马像

小知识

阿尔帕特王子和传说中的岛屿

896年，原本居住在乌拉尔山脉一带的马扎尔民族向西迁移，来到匈牙利定居。马扎尔民族首领阿尔帕特王子的后代斯蒂芬在1000年成为匈牙利的第一位国王。

城堡北侧入口的栅栏处立着一尊巨大的神鸟雕像。这尊神鸟的名字叫作图茹尔鸟。这是古匈牙利民族崇拜的图腾，也是他们民族性格和精神的象征。

这尊神鸟的名字叫作图茹尔鸟

盖勒特山
Gellért-hegy
地图 p.96-J ✿✿✿

■从伊丽莎白桥畔步行20分钟

多瑙河发源于德国，流经10个国家至黑海。多瑙河沿着两岸街道顺流而下，如此美丽的景色只能在这里看到。圣盖勒特铜像是这座山丘名字的由来，铜像位于丘陵的半山腰，伫立在伊丽莎白桥的正对面。海拔235米的多石山顶，耸立着挂着椰子叶的自由之像。

位于桥畔的伊丽莎白王妃铜像

兵营城堡
Citadella
地图 p.96-J ✿✿✿

■从伊丽莎白桥畔步行20分钟

兵营城堡是1854年哈布斯堡建立的要塞，是为炫耀哈布斯堡家族的威势以及监视市民反奥地利运动而建，大约200米长、60米宽。如今城堡中有酒店和餐厅。

从兵营城堡纵情欣赏多瑙河美丽的景色

101

玫瑰山
Rózsadomb

地图 p.96-A ✳✳

■从郊外电车Margit hid站步行5分钟

　　沿着连接玛丽特大桥的大道一直走，在布达一侧，玛丽特大街的急转弯处，便是被称为"玫瑰山"的高地。附近是清静的住宅街，流传着居尔巴巴在这个山丘上种植玫瑰的美丽传说。

居尔巴巴墓
Gül Baba Türbéje

地图 p.96-B ✳✳

■从郊外电车Margit hid站步行10分钟　全年无休　■500Ft　10:00~18:00（11月~次年2月~16:00）

　　登上居尔巴巴大道，走到古色古香的一处，居尔巴巴墓就在这里。居尔巴巴是土耳其修道僧，1541年在奥斯曼土耳其攻陷布达城的战斗中随行，在马加什教堂举行胜利感谢仪式时暴毙，土耳其高官哀悼他的死，在这里修建了灵堂。土耳其风格的屋顶，异国情调的八角形石造建筑，建筑中央就是居尔巴巴的灵棺。

阿奎肯博物馆
Aquincumi Múzeum

地图 p.96-B图外 ✳✳✳

■郊外电车Aquincum站附近　■1500Ft（11月~次年4月15日850Ft）　10:00~18:00（4~10月~17:00、11月~次年3月~16:00）周一休息

　　圣安德烈大道附近有一处遗迹，是匈牙利历史开始前，作为罗马殖民地时斯建造的都市遗址，至今还残留着神殿、教堂、浴场的遗迹，被辟为阿奎肯博物馆。

玛格丽特岛
Margitsziget

地图 p.96-B ✳✳

■从郊外电车Margit hid站步行10分钟

　　浮现在多瑙河之上，长2.5千米、宽约500米的小岛。整座岛是一个大公园，有温泉和野外剧场等。13世纪时贝拉四世为了祈愿蒙古人不再来袭，把女儿玛格丽特送到岛上的修道院。玛格丽特在那里年纪轻轻就去世了，从那之后，这座岛就被人们称作玛格丽特岛。多米尼加修道院逐渐成为遗迹，位于这座小岛的正中央。

迷人的布达佩斯夜景

　　布达佩斯的夜景极美。从山脚被橙色染上、太阳开始下沉，到完全日落、华灯初上，这段时间为布达佩斯最美的时分。

观赏夜景的好地方——锁链桥。光明，如同锁链一般，延绵不断

从盖勒特山上眺望锁链桥和佩斯的夜景，正前方便是伊丽莎白桥

从锁链桥附近的马加什教堂远眺，渔人堡就在不远处

从伊丽莎白桥附近望去，布达王宫在城堡山上若隐若现

佩斯
Pest

走过锁链桥就是佩斯一侧，以国会议事堂为中心，遍布着佩斯主要的观光景点。除此之外还有布达佩斯首屈一指的闹市街瓦茨大街，林荫道安德拉什大街以及前方的英雄广场。

锁链桥
Széchenyi Lánchíd

地图 p.99-G ❋❋❋

■从地铁1号线vorosmarty站步行4分钟

四头狮子石像坐镇于此。作为最早横跨在多瑙河两侧的索桥，锁链桥建于19世纪中期。该桥由和赛切尼伯爵建造，由于桥的外观与自行车链子十分相像，所以又被人们称为"赛切尼链子桥"。桥长375米，宽16米，以中央的石拱门和铁支柱为支撑，自1839年开始，大桥建造共花了10年时间。第二次世界大战期间锁链桥被炸毁，于战后再建。锁链桥是现如今多瑙河上方最美丽的桥，已经成为布达佩斯夜景中不可或缺的一部分。

小知识

锁链桥两岸的狮子

坐镇在锁链桥两岸的狮子没有舌头。据说因为这点，建造石狮的雕刻家被投于多瑙河中。但也有传说，狮子实际上有舌头，只是看不见。

国会议事堂
Országház

地图 p.99-C ❋❋❋

■地铁2号线kossuth ter站附近　■3500Ft（只允许跟随导游游览，游览15分钟前买票。英语导游参观时间为10:00、12:00、14:00，票在10号入口得到保安的允许再购买）

国会议事堂是为迎接1896年匈牙利建国1000年而建造，工程于1884年动工，1904年完成。加上左右的翅膀，建筑物长286米，最大宽度为123米。向中央的拱形大厅延伸的大楼梯铺着鲜红的绒毯，大厅排列着的黄金的柱子非常耀眼。哥特式风格的16角形的拱形大厅里，匈牙利王冠被展示在玻璃展柜中。议事堂的左右建造有同样的建筑，这里的罗马式墙柱很美丽，内部结构光彩夺目。

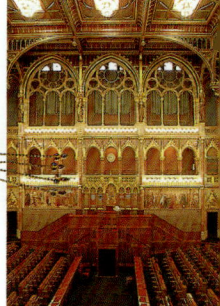

顶上有向左倾斜的十字架的匈牙利王冠

镶金嵌银、装饰华贵的国会议事堂

民俗博物馆
Néprajzi Múzeum

地图 p.99-C ❋

■地铁2号线kossuth ter 附近
■1000Ft　10:00~18:00　周一休馆

位于国会议事堂的对面，馆内展览主题丰富，有传统工艺品，有现属于罗马尼西亚领域、像托兰之恶魔城似的地方的民族服装，有关于罗马民族的展示，由此能够了解有关罗马民族的生活方式。博物馆建筑为19世纪修建的文艺复兴式风格，内部也非常美丽。

103

圣伊斯特万大教堂
Szt. István Bazillika

地图 p.99–H ✳✳✳

■从地铁1号线Bajcsy Zsilinszky ut站步行3分钟 ■自由参观 9:00~17:00（周六~13:00、周日13:00~） 全年无休 宝物馆400Ft 10:00~16:00（冬季~16:00） 展望台500Ft 10:00~16:30（7~9月营业至~18:30）

新文艺复兴样式的大教堂，西边带有80米高的塔，正殿中央的半圆形屋顶为96米高，是按照匈牙利建国896年的数字建造的。教堂内祭奠着匈牙利第一位国王、竭力宣传基督教的圣伊斯特万。主祭坛上圣伊斯特万像手里握着的两重十字架，象征着政治和宗教两方面。祭坛的后面，是保存着圣伊斯特万右手的黄金模型教会。

支撑半圆形屋顶的四根柱子上有圣盖勒特、圣伊丽莎白的雕像

瓦茨大街
Váci utca

地图 p.99–K ✳✳✳

■地铁1号线 Vorosmarty ter站附近

从弗洛斯马提广场延伸到中央市场的大街，从高级的时装店到礼品店，大街上商店鳞次栉比，还有很多商品都摆到了大街边上，这也是一道风景线。街道对面有后现代派和新艺术派的建筑。

中央市场
Vásárcsarnok

地图 p.97–K ✳✳

■从地铁3号线Kalvin ter站步行3分钟 ■6:00~18:00（周一~17:00、周六~14:00）周日、节假日休息

位于自由大桥旁边。马赛克模样的屋顶是其建筑特征，这里是布达佩斯最大的常设市场。出售蔬菜、香肠、香辛料等商品的小店整齐地排列着。放辣椒粉的萨拉米香肠、鹅肝等地方特产应有尽有且价格便宜。辣椒粉种类也很丰富。

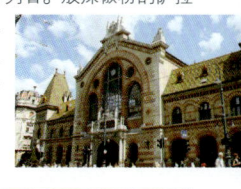

工艺美术馆
Iparmüzéti Múeum

地图 p.97–K ✳✳

■从地铁3号线Ferenx Korut站步行2分钟 ■门票根据展示内容有所不同 10:00~18:00 周一休馆

该建筑是匈牙利新艺术派建筑师奥登·莱可纳的代表作。建筑物的屋顶和外壁，使用南匈牙利的佩奇市在19世纪末开发出来的耐冻性的烧土，极有装饰性；建筑物的内部有通风的大厅。且不说馆内展品，仅仅是建筑物外观的独特和美丽也会让人忍不住要去欣赏。

多瑙河观光船码头
Duna Cruise

地图 p.99–K ✳✳✳

■伊丽莎白桥桥畔
■4300Ft（晚上是4900Ft）夏场需要预约
☎ 317–2203 HP www.legenda.hu

位于锁链桥和伊丽莎白桥之间的佩斯河岸。有约1小时的游船和约2小时的晚餐游船。

傍晚时分的游船为推荐之选

布达佩斯

国家博物馆
Nemzeti Múzeum ✷✷

地图 p.97-K

■地铁3号线Kalvin站附近
■1100Ft　10:00~18:00　周一休馆

19世纪中期修建的新古典样式的建筑，非常精美。进入大厅就能看到展示的加冕典礼披风，大厅内还有匈牙利从古至今的历史展。

犹太教堂
Zsinagóga ✷✷

地图 p.99-L

■地铁2号线Astiria附近　■1600Ft　10:00~18:00（星期五~16:00）　11月~次年2月~16:00（星期五~14:00）　周六休息

继纽约、耶路撒冷犹太教堂之后，世界上第三大犹太教堂（犹太教徒的礼拜堂）。于1859年建成，内部绚烂豪华。附近有博物馆，能看到宗教遗物和有关犹太教祭祀的展示。

安德拉什大街
Andrássy út ✷✷✷

地图 p.99-H

■乘坐地铁1号线从Deak ter站到Hosok站

1872年建成，全长2.3千米。是当时外交大臣安德拉伯爵所建。大街两旁排列着剧场和大使馆等气派的建筑物。该大街作为布达佩斯最美的街道被人们所知。

匈牙利国家歌剧院
Magyar Állami Operaház ✷✷

地图 p.99-H

■地铁1号线Opera站附近　■内部参观团体价格2900Ft　15:00、16:00

19世纪后半时期建设的新文艺复兴式的华丽的建筑物。正面入口旁有李斯特的雕像。进入场内会惊叹于它的庄严华丽。曾经外出私访的伊丽莎白皇妃在舞台左侧的包厢里欣赏过这里演出的歌剧。

英雄广场
Hösök tere ✷✷✷

地图 p.97-D

■地铁1号线Hosok tere站附近

为纪念匈牙利建国1000年，于1896年建造。中央处高36米的石柱上站着大天使加百列，天使脚边是马扎尔族队长阿尔帕德的骑马像。环绕广场的石柱之间是历代国王们的雕像。

布达佩斯的温泉

布达佩斯是温泉之都。从建筑历史悠久的老式风格温泉，到现代风格的新酒店温泉，温泉种类多样。对于当地人来说，温泉是休闲、社交的极佳场所。

盖勒特温泉
Gellért Gyógyfürdő 地图p.97-K

新艺术派建筑温泉

在吉尔勒尔乌布达比斯酒店内，夏场时屋外的泳池非常有人气。无论是前厅还是内室都非常美丽、宽阔。泡温泉时需穿泳衣。

■盖勒特广场附近
■Kelenhegyi út 2-4
■466-6166　■6:00~20:00（周日为男女混浴）　■全年无休　■3600Ft~、另附房间4050Ft~

帝王温泉浴场
Király Gyógyfürdő 地图p.98-B

保留土耳其式温泉风韵的温泉

1566年由土耳其人所建，充满异国情调。浴场内温泉温度各种各样，最高为42摄氏度。

■从地铁2号线Batthyany ter站步行5分钟　■Fő u. 82-84 C202-3688　■9:00~21:00　■2300Ft~

塞切尼温泉浴场
Széchenyi Gyógyfürdő 地图p.97-D

有着许多不同温度的浴池和泳池

内部的大理石石柱呈现美丽的罗马式风格，外观是新巴洛克式风格的华丽建筑。进入温泉需要穿泳衣。

■从地铁1号线Hosok tere站步行5分钟　■Állatkerti krt. 11-14　■363-3210　■6:00~22:00　■全年无休　■2950Ft~、另附房间3350Ft~

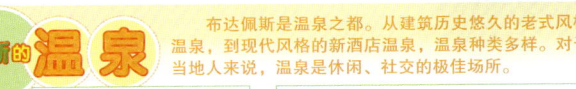

格德勒古堡庄园
Gödöllői Kiráyi Kastéy

地图 p.97−L图外 ✦✦✦

■郊外电车Godolloi Szabadsag ter站附近 ■宫殿博物馆2000Ft 导游路线：1400Ft（巴洛克剧场）、5300Ft（宫殿博物馆、巴洛克剧场、王室丘陵会展馆通票）10:00~18:00（冬季~17:00） 11月~次年3月周一休馆

茜茜公主喜欢逗留的城堡

这里也被人们称作"茜茜城堡"，是皇妃伊丽莎白喜爱并经常逗留的城堡。原本是匈牙利贵族格拉萨科维茨伯爵在18世纪建的邸宅。奥匈帝国时代成了皇帝的行宫。庄园内有伯爵家曾使用过的教堂和巴洛特剧场。

主建筑以大厅为中心的左右两个翅

"皇帝的沙龙"内挂着奥匈帝国时代的地图

膀，分别是弗郎茨·约瑟夫皇帝和伊丽莎白的起居室。餐厅里有赫伦的餐具，加冕室里装饰着皇帝在马加什教堂举行加冕仪式的画。

匈牙利的 音乐家&艺术

装饰华丽的匈牙利歌剧院大厅

匈牙利的 音乐家们

弗朗茨·李斯特，匈牙利语为"李斯特·弗兰兹（Liszt Ferenc）"，匈牙利钢琴演奏家、作曲家。他设立了李斯特音乐学院，而后巴托克、索尔蒂、高大宜等世界上有名的音乐家均从那儿毕业。

李斯特纪念馆
List Ferenc Emlékmúzeum 地图 p.97−G

■地铁一号线Vörösmarty u.附近 ■1300Ft 10:00~18:00（周六9:00~17:00）周日、节假日休息

这是李斯特晚年回到祖国时居住的地方。二楼拐弯处的5间房是李斯特的住所。这里曾被当作音乐学院使用。如今

卧室、工作室、食堂、沙龙等区域对外开放。这里还有李斯特右手的实物雕像，游客能亲眼看到人们常说的大手。

巴托克纪念馆
Bartók Béla Emlékház 地图 p.96−A图外

■从地铁2号线Széll Kálmán tér站乘出租车10分钟 ■800Ft 10:00~17:00 周日、周一休馆

纪念馆的二楼为演奏厅，三楼有工作室和起居室。馆内展示着巴托克用过的钢琴、家具、留声机等物件。

剧场

佩斯有许多演奏厅和剧场，游客能以非常便宜的价格听到一流的演奏。匈牙利民族舞蹈和民族音乐令人期待。

匈牙利国家歌剧院
Magyar Állami Operaház 地图 p.99−H

上演歌剧、古典音乐会、芭蕾等的公演。（参照 p.105）

匈牙利国家民族综合乐团的根据地，剧场经常上演不同的匈牙利地方舞蹈和民族音乐的管弦乐演奏，旺季时几乎每天都有演奏。虽然早点去也能买到票，但为了保险还是预约更为妥当。

布达依维加多
Budai Vigadó 地图 p.98−F

■从地铁2号线Batthyány tér站步行5分钟 ■6200Ft~ 20:00~ ☎ 225−6000

民族舞蹈恰尔什达的表演十分精彩

Eating 美食

布达佩斯

法国风味的匈牙利料理（佩斯）

宫德尔餐厅
Gundel

地图 p.97–D　　　　　　　　英英[人] [刀] 预

🚇 从地铁1号线Hosik tere步行5分钟
✉ Állatkerti út 2　☎ 468–4040　🕐 12:00~16:00、18:30~24:00　休 无　💰 10 000Ft~

每晚都有名人来访的餐厅

　　该店的菜品是经典匈牙利菜改良而成的法式高级菜。特色甜点有匈牙利薄饼。加入分量十足的核桃和朗姆酒巧克力酱汁的可丽饼是这家餐厅生产的传统特色美味。

因为旁边有动物园，所以这家店以大象图案做象征，店里也出售各种以象为原型制作的商品。

法国风味的匈牙利料理（布达佩斯）

瓦德罗莎餐厅
Vadrózsa

地图 p.96–A　　　　　　　　英英[人] [刀] 预

🚇 从地铁2号线batthyany ter站乘公共汽车11路到pentelei molnra站步行3分钟
✉ Pentelei Molnál u. 15　☎ 326–5817
🕐 12:00~15:00、19:00~24:00　休 无
💰 10 000Ft~

玫瑰山上的高级餐厅

　　餐厅位于高级住宅区，因为它的小沙龙特色氛围，有很多成为粉丝的常客。店内的特色服务是在烹饪前把当天的食材给客人看。工作人员热情的招待是很多餐馆比不上的，菜肴都是根据季节不同选择的时令菜。

使用最新鲜食材的菜肴

法国风味的匈牙利菜（布达）

阿伯托斯餐厅
Alabárdos

地图 p.98–E　　　　　　　　英英[人] [刀] 预

🚇 马加什教堂前　✉ Országház u.2　☎ 356–0851　🕐 19:00~23:00（周六12:00~16:00、19:00~23:00）　休 无　💰 10 000Ft~

氛围轻松自然，餐具一流

　　餐厅由16世纪的古老建筑改建而成，墙壁上装饰着中世纪的武器及盔甲，给用餐者提供赫伦的餐具服务。嫩煎小牛肉和巴拉顿湖的梭鲈等18.5欧元。餐厅自制的蛋糕也很精致。

匈牙利料理（布达）

福尔图纳餐厅
Fortuna

地图 p.98–E　　　　　　　　英英[人]

🚇 马加什教堂前　✉ Hess András tér 4
☎ 375–6857　🕐 10:00~16:00、19:00~次日1:00　休 无　💰 8000Ft~

明亮的庭院餐馆

　　餐厅有着氛围不同的房间，一楼是新艺术派风格。庭院很有特色，光线明亮，氛围舒适。

法国风味的匈牙利料理（布达）

马蒂亚斯餐厅
Mátyás Pince

地图 p.99–L　　　　　　　　英英[人]

🚇 从地铁3号线Ferenciek tere站步行3分钟
✉ Március 15. tér 7　☎ 266–8008
🕐 12:00~15:00、19:00~24:00　休 无
💰 4500Ft~

保留着传统壁画和玻璃画的古老餐厅

　　位于伊丽莎白桥桥畔，1904年创立。店内的天窗玻璃非常美丽，壁画也很精致。店内进驻了有名的民族音乐乐团，游客可边用餐边欣赏音乐。特色酱鹅肝料理价格为4500Ft。

英 有英语菜单　英[人] 提供英文服务
预 须提前预约　[刀] 须穿正装

107

匈牙利料理（佩斯）

贝尔康托餐厅
Bercanto

地图 p.99-H

英菜 英 ♿

🚊 从地铁1号线opera站步行1分钟　✉ Dalszínházutca 8
☎ 269-2786　🕐 12:00~15:00、19:00~24:00
休 周日　💰 7000Ft~

每晚有古典歌曲演奏的餐厅

　　位于国家歌剧院旁，是一家舒适雅致的餐厅。2007年在米其林指南上被推荐，

鹅肝前菜价格为4200Ft。鱼料理价格为5800Ft起。晚上也有匈牙利套餐。

匈牙利料理（佩斯）

巴鲁达斯提斯餐厅
Baldaszti's Grand

地图 p.99-H

🚊 从地铁1号线opera站步行4分钟　✉ Andrássy út 8　☎ （30）982-1643　🕐 12:00~24:00（周四、周五、周六~次日1:00）　休 无　💰 4000Ft~

安德拉什大街上备受推崇的料理店

　　因为内部装修朴素，常被人们误以为是普通的店。餐厅菜肴的味道可以和一流

餐厅媲美。工作日的商务午餐很有人气，菜单每周都有变化。晚上嫩煎鹅肝价格为2850Ft。店内有吧台，十分热闹。

法国风味的匈牙利料理（布达）

佩斯布达餐厅
Pest Buda

地图 p.98-E

🚊 乘16A、116路公交到szentharomasag站步行1分钟　✉ Fortuna utca 3　☎ （1）255-0377　🕐 12:00~24:00　休 无　💰 3000Ft~

美味的小餐馆

　　餐厅由18世纪末古老的建筑改建而成。这家有历史的名气餐厅，经营的是传统的匈牙利料理，但口味清淡，深受欢迎。店

内女仆煎鹅肝、匈牙利肉馅洋白菜卷，价格为2360Ft。

匈牙利料理（佩斯）

科士皮伐餐厅
Kispipa

地图 p.97-G

英菜 英 ♿ 预

🚊 从地铁2号线Blaha lugza ter站步行4分钟
✉ Akácfa u.38　☎ 342-2587　🕐 12:00~24:00
休 周日、节假日　💰 3000Ft~

演奏名曲《黑色星期天》的餐厅

　　19世纪30年代由塔米娅演唱的人气歌曲《黑色星期天》，由这家店的钢琴弹奏者作曲。餐厅内有伴有钢琴的独奏独唱，店家在控制价格的同时，也不忘提供高雅的用餐氛围。

匈牙利料理（佩斯）

勺子咖啡店
Cafe & Lounge Spoon

地图 p.99-H

英菜 英

🚊 从地铁1号线vorosmarty ter站步行5分钟
✉ Vigdó ter 3 Kikötö　☎ 411-0933
🕐 12:00~24:00　休 无　💰 4000Ft~

多瑙河上的游船餐厅

　　餐厅位于游船之上，浮于锁链桥桥畔，能眺望到皇宫。晚上在这里就餐可以边吃饭边享受夜景。店内的酱鹅肝和牛肉浓汤等很有人气。

匈牙利料理（佩斯）

发特鲁餐厅
Fatál

地图 p.97-K

英菜 英

🚊 从地铁3号线ferenciek tere站步行5分钟
✉ Váci u. 67　☎ 266-2607
🕐 12:00~24:00　休 无　💰 3000Ft~

热闹随意的餐厅

　　餐厅位于瓦茨大街靠近中央市场处，总是挤满了当地人。每盘菜都分量十足，点菜的时候需稍加留意。

匈牙利料理（布达）

尤德哈斯餐厅
Udvarház

地图 p.96-B图外 英 英 预

交 从市中心乘出租车20分钟
✉ Hármashatárhegyi út 2 ☎ 388-8780
营 11:00~23:00（展览室19:00~） 休 冬季周一、周二 金 附带节目€30~

可尽览布达佩斯夜景的餐厅

位于郊外的山上，每天晚上有民族音乐和舞蹈的演出。晚餐如果附带节目，就是套餐。晚上在餐厅可以望见多瑙河两岸美丽的夜景。

日本料理（佩斯）

芥末寿司店
Wasabi

地图 p.99-D 英 英

交 从地铁3号线Nyugati pályaudvar站步行4分钟 ✉ Podmaniczky u.21 ☎ 374-0008
营 11:30~23:00 休 无 金 4000Ft~

品尝日本料理的好去处

经营回转寿司的日本料理店，店内不仅有手捏寿司，还有天妇罗和炖菜。店内也有一些中国菜、韩国菜。店铺布置巧妙，环境温馨。

小知识

匈牙利的葡萄酒

约在10世纪的时候，匈牙利开始进行葡萄的栽培。16 世纪中期，在托考伊地区，开发出了世界上最初的葡萄酒。法国的路易十四盛赞托考伊葡萄酒为“国王的葡萄酒”，“葡萄酒中的国王”。东北部的埃格尔以“公牛的血”（辉煌埃格尔红酒）被人们所知。

托考伊葡萄酒

咖啡（佩斯）

奥波德咖啡厅
Gerbeaud Café

地图 p.99-K 英 英

交 地铁1号线Vörösmarty tér站附近
✉ Vörösmarty tér 7
☎ 429-9000 营 9:00~21:00

茜茜公主曾到访过的高级咖啡厅

拥有200年传统的老字号甜点咖啡铺，深受匈牙利贵族喜爱，伊丽莎白皇妃也曾来访过。在店内品尝咖啡的同时能享用多种蛋糕和甜点。名产奥波德咖啡价格为1990Ft，奥波德蛋糕价格为1250Ft。

奥德波咖啡厅

咖啡（佩斯）

纽约咖啡厅
New York Kávéház

地图 p.97-H 英 英

交 从地铁2号线blaha lujza站步行3分钟
✉ Erzsebet krt.9-11 ☎ 886-6167
营 10:00~24:00 休 无

代表布达佩斯的传统咖啡店

咖啡厅位于布达佩斯柏斯科罗酒店的一楼。19世纪末，因纽约保险公司曾在这里，就有了这个名字；咖啡厅因布达佩斯的新艺术派室内装饰和新文艺复兴式的外观而被人所知，当时聚集了作家、演员等著名人物。2006年按照咖啡厅的原型复建后再次开张。

Shopping 购物

陶瓷器（瓦茨大街）

赫伦陶瓷店
Herend

地图 p.98-E、99-G、H

交 从地铁1号线Vörösmarty tér站步行2分钟
✉ József Nádortér 11 ☎ 317-2622
营 10:00～18:00（周六～14:00） 休 周日

欧洲特色陶器专营店

　　市内有3家直营店。每家店都有维也纳玫瑰等人气套装。安德拉什大街店面积大且种类丰富；城堡山店面积小、排列紧凑、容易挑选。一个维也纳玫瑰茶杯25 000Ft。

维也纳玫瑰

陶瓷器（城堡山）

波波尼艾鲁古董店
Bonbonniére Herend

地图 p.98-E

交 乘16A、116路公共汽车到Szentharomság站下车后步行1分钟 ✉ Tárnok utca 8
☎（1）354-05651 营 10:00～18:00 休 无

赫伦古董店

　　店铺位于礼品店罗列的塔尔诺克大街，是一家只处理赫伦陶瓷的古董店。虽然历史悠久的东西比现在流通的商品价格要高，但作为古董来说，价格还是相对便宜。

民间艺术品（瓦茨大街）

弗库阿德商店
Folkart Kézmüvesház

地图 p.99-L

交 从地铁3号线Ferenciek tere站步行5分钟
✉ Régiposta u. 12 ☎ 318-5143
营 10:00～19:00 休 无

匈牙利民间艺术品种类丰富

　　商店位于从瓦茨大街进入莱几波苏街

道的中间地段，经营商品从小商品到高级商品等应有尽有，毛毯制的化妆包、刺绣品、陶器、民族服装等，匈牙利各地的传统艺术品都聚集在这里，特别是马扎尔模样的陶器随处可见。

陶瓷器（佩斯）

赫罗哈萨商店
Hollóháza

地图 p.99-L

交 从地铁2号线Astoria站步行3分钟
✉ Dohány út 1/c ☎（20）592-5676
营 9:00～17:00（周六～13:00） 休 节假日

商品价格适中、品质优良的商店

　　赫罗哈萨是与赫伦、乔纳伊齐名的匈牙利三大陶瓷器之一，1777年创建，历史悠久，制造于匈牙利东北部的赫曼哈萨村。商品图样和赫伦相似，匈牙利传统的图样是其主流。店内成套的器具也能单个购买。

民间工艺品（瓦茨大街）

于迪斯工艺品店
Judit's Exclusive

地图 p.99-L

交 从地铁3号线ferenciek tere站步行2分钟
✉ Váci utca 32 ☎（1）266-2688
营 9:00～22:00 休 无

匈牙利民间工艺品店

　　罗列在店前的匈牙利刺绣非常引人注意。店内展品架上有很多穿民族服装的人偶和民族风格桌布，店内还有工艺师现场制作木质鸡蛋彩绘。匈牙利刺绣小件1600Ft～，大的桌布价格是20 000Ft。

Stay 住宿

布达佩斯

佩斯

布达佩斯格雷沙姆四季酒店
Four Seasons Hotel Gresham Palace Budapest
地图 p.99-G　★★★★★
- 从地铁1号线Vörösmarty tér站步行4分钟
- Roosevelt tér 5–6
- 268–6000　FAX 268–5000
- 金 €300~　室 179
- HP www.fourseasons.com/budapest

布达佩斯科林西亚酒店
Corinthia Hotel Budapest
地图 p.97-G　★★★★★
- 从地铁1号线oktogonr站步行4分钟
- Erzsébet krt.43–49
- 479–4000　FAX 479–4333
- S€145~、D€195~　室 414
- HP www.corinthiahotels.com

凯宾斯基大酒店
Kempinski Hotel Corvinus Budapest
地图 p.99-K　★★★★★
- 地铁1、2、3号线Deák tér站附近
- Erzsébet tér.7–8
- 429–3375　FAX 429–4777
- 金 €130~　室 369
- HP www.kempinski–budapest.com

布达佩斯艾美酒店
Le Meridien Budapest
地图 p.99-G　★★★★★
- 地铁1、2、3号线Deák tér站附近
- Erzsébet tér 9–10
- 429–5500　FAX 429–5555
- 金 €140~189　室 218
- HP www.lemeridien.com

布达佩斯洲际酒店
Inter-Continental Budapest
地图 p.99-G　★★★★★
- 地铁1、2、3号线Deák tér站附近
- Apáczai Csere János. u. 12–14
- 327–6333　FAX 327–6357
- 金 €149~　室 398
- HP www.ihg.com

布达佩斯千禧庭院万豪行政公寓
Budapest Marriott
地图 p.99-K　★★★★★
- 地铁1号线Vörösmarty tér站步行3分钟
- Apáczai Csere János. u. 4
- 266–7000　U 266–5000
- 金 €200~　室 362
- HP www.marriott.com

布达佩斯柏斯科罗签名典藏酒店
Boscolo Budapest, Autograph Collection
地图 p.97-G　★★★★★
- 从地铁2号线Blaha Lujza tér站步行2分钟
- Erzsébet krt. 9–11
- 886–6111　FAX 886–6199
- 金 €200~　室 185
- HP www.boscolohotels.com

丽笙蓝标贝克酒店
Radisson Blu Béke Hotel Budapest
地图 p.99-D　★★★★
- 从地铁3号线Nyugati pályaudvar站步行3分钟
- Teréz krt. 43
- 889–3900　FAX 889–3915
- 金 €85~　室 239
- HP www.radissonblu.com/hotel–budapest

布达

布达佩斯希尔顿酒店
Hilton Budapest
地图 p.98-F　★★★★★
- 马加什教堂前
- Hess András tér 1–3
- 889–6600　FAX 889–6644
- 金 €129~　室 322
- HP www.budapest.hilton.com

吉尔勒特丹乌比斯酒店
Danubius Hotel Gellért
地图 p.97-K　★★★★
- 从电车19、47、49号线Szent Gellért tér站步行2分钟
- Szent Gellért tér 1
- 889–5500　FAX 889–5505
- S€73~、D€123~　室 233
- HP www.danubiushotels.com/gellert

诺富特多瑙河酒店
Novotel Budapest Danube
地图 p.98-B　★★★★
- 从地铁2号线Batthyány tér站步行2分钟
- Bem rakpart 33–34
- 458–4900　FAX 458–4909
- 金 €80~　室 175
- HP www.novotel.com

布达佩斯阿库昆姆酒店
The Aquincum Hotel Budapest
地图 p.96-B图外　★★★★★
- 从郊外电车Árpád híd站步行4分钟
- Árpád fejedelem u. 94
- 436–4100　FAX 436–4156
- S€95~、T€105~　室 310
- HP www.aquincumhotel.com

卫星转播信号　室内游泳池　健身房　购物中心
咖啡厅　商务中心

111

杜纳卡尼亚
Dunakanyar

大河多瑙河，流入匈牙利时急改方向，朝着布达佩斯流去。这块被多瑙河描画出弧形的区域被称为杜纳卡尼亚，有充满异国情调的可爱的城市圣安德烈，有残留着已成废墟的要塞的维谢格拉德，有保留匈牙利最大教堂的埃斯泰尔戈姆。从布达佩斯到这几个城镇都能当天来回；也可乘坐环绕三个小镇的观光巴士旅行。

圣安德烈
Szentendre

地图 p.112 ✳✳

■ 从Árpád híd公交站乘车约30分钟

圣安德烈是位于布达佩斯北边大约20千米的美丽小镇。14世纪时为躲避奥斯曼土耳其的袭击，一些塞尔维亚人和希腊人来到此地定居，逐渐形成城镇；此后该城镇处于土耳其的支配之下，17世纪末大约有6000塞尔维亚人在此定居，他们大多数是手工艺者和商人，小镇慢慢地拥有了自己的文化、习惯、建筑风格。到了20世纪，很多艺术家被这个小镇吸引，移居到这里生活。

圣安德烈城镇

中央广场　Fő tér

中央广场是城镇的中心地带，五条大道汇集在此。三角形的广场中央立着的十字架建于18世纪，被称为商人的十字架，传说十字架下面埋着许多萨尔维亚男性。

科瓦奇・玛格丽特博物馆　Kovács Margit Múzeum

位于联结多瑙河河畔和中央广场的盖莱库大街的中间。建筑物原是18世纪萨瓦维亚商人的公馆，现在是展示匈牙利女陶艺家科瓦奇作品的博物馆，馆内陈列着许多把民族要素引入现代化风格中的陶艺作品。

科瓦奇的作品《渔夫的妻子们》

罗马天主教地区教堂　R.K. Plébánia templom

这是一座建在山上的教堂，原建筑因受到土耳其的袭击被破坏；18世纪后半期，在残留的14世纪教堂的基础上，改建成了现在的巴洛克式教堂。

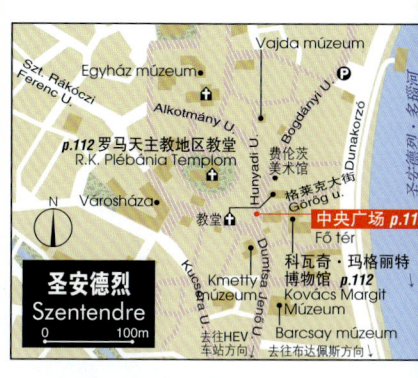

布达佩斯

维谢格拉德小镇
Visegrád

地图 p.112 ❋❋

■从Újpast Városkapu公交站乘车大约80分钟（每小时1~2班）

维谢格拉德位于多瑙河转弯处，在斯拉夫语中意思是"高地上的城镇"。14世纪时这里一度成为首都，1335年邀请邻近诸国的国王们在此召开了世界上最早的中欧会谈。

传说约翰·斯特劳斯曾在这里为蓝色多瑙河谱曲

皇宫遗迹　Királyi palota

最初的城堡建于14世纪，现在的城堡是15世纪马加什王所建。当时这里是匈牙利初期文艺复兴艺术的中心地，然而在和奥斯曼土耳其的战斗中被破坏掩埋。1934年发掘、恢复了文艺复兴式的回廊等建筑。在夏拉蒙塔有此地出土的

文物的展示。（皇宫遗迹和夏拉蒙塔的通票1000Ft，9:00~17:00，周一休息）。

被复原的皇宫。能看见山上的要塞

要塞遗址　Fellegvár

贝拉四世于13世纪中期所建的要塞。之后一直到马加什王时代，被历代的国王屡次增建。虽然经受了土耳其军的反复来袭，但还是于1703年在拉科奇对哈布斯堡的解放战争中被奥地利军破坏，成为废墟。目前修复的一部分成为了博物馆。（1700Ft，10:00~18:00，1~3月休息）

埃斯泰尔戈姆
Esztergom

地图 p.112 ❋❋

■从Újpast Városkapu公交车总站乘车约需80分钟（每30分钟1~2班）

位于布达佩斯西北约60千米处，是匈牙利建国之地，马扎尔民族从9世纪开始在这里定居，盖萨王公在这里建馆，他的儿子伊斯特万成了第一位匈牙利国王。之后作为匈牙利都市非常繁荣，但在13世纪中期遭受蒙古来袭，经受了毁灭性的打击，国都迁往布达。1715年开始这里作为天主教的总管辖处。

从大教堂眺望埃斯泰尔戈姆城镇和多瑙河

大教堂　Főszékesegyház

耸立在埃斯泰尔戈姆的高地上，宽48米，长118米，是匈牙利最大的教堂。在匈牙利天主教的总管辖处，被改建后于19世纪后半期建成。红色大理石修建的鲍科茨礼拜堂是16世纪初期的原型；在宝物馆能看到历代主教的弥撒服装画像和精工艺品等9~19世纪的圣遗物（800Ft，9:00~16:30，11~12月的星期一休息，1~2月休息）。

皇宫博物馆　Vármúzeum

这是10世纪到11世纪期间，受贝拉三世之命建造的宫殿，如今位于城堡山上。16世纪时，土耳其人的入侵使宫殿遭到了破坏，后来经过发掘和修建，如今成为了博物馆。礼拜堂等建筑保留着最原始的模样，向世人传达着简洁朴素之美（1300Ft，10:00~18:00，周一休息）。

113

柏林
BERLIN

地图 p.6–B

继作为普鲁士首都的荣耀之后，柏林又跨越了东西分隔的悲剧时期；作为文化、学术、艺术的中心地，柏林不受先入为主的观念和狭隘的价值观的限制，是一个持续发展的城市。

柏林市的象征——勃兰登堡门

ACCESS 去柏林的交通

飞机▶从欧洲各地换乘大约14小时 铁路▶国际列车到达柏林中央站 Berlin Hauptbahnhof

ℹ 观光咨询处

选帝侯大街一侧内 ■kurfürsten-damm22 9:30~20:00（周日10:00~18:00）勃兰登堡门旁9:30~19:00

城市概览

柏林的历史相对较新，13世纪前半叶成为城镇，15世纪时作为勃兰登堡侯国首府开始发展。1709年成为普鲁士王国首都；在腓特烈二世时代，柏林成为和巴黎、维也纳并肩的城市。1871年柏林成为统一的德意志帝国首都；之后柏林迎来了黄金时代——19世纪20年代，学术、艺术等文化空前繁荣，柏林成为近代工业中心。

第二次世界大战之后，美英苏法四国对德国和柏林实行分区占领，分为东西德国，柏林也分成东西两部分，东柏林为东德的首都，西柏林成为西德的特别州。1961年民主德国沿柏林东西区分界线筑墙壁，此后柏林犹如有两个世界的城市。

19世纪80年代在东欧诸国发生的民主化动乱卷袭东德，1989年11月柏林墙开放，1990年东西德国完成统一，柏林重新成为德国的首都，发挥作用、重新发展。

柏林

观光亮点

◆ 景点会集于城市东部

历史性的重要景点大都位于东部地区。首先去勃兰登堡门，从那里去柏林菩提树下大街，漫步在去亚历山大广场的途中，柏林洪堡大学、国家歌剧院、博物馆岛、柏林大教堂等名胜依次出现。和柏林菩提树大街交叉的腓特烈大街上有新柏林的建筑和购物中心，购物中心前面是曾经的查理检查站。

◆ 柏林美食

有特色菜肴德国猪脚，将整个猪脚放入锅中炖煮。特色饮料有在啤酒里加入糖浆的柏林白啤酒（红色和绿色两种）。

📖 小知识

被称为大王的腓特烈二世

把普鲁士这个小国一口气提升为人尽皆知的欧洲强国的腓特烈二世，因其伟大的功绩而被世人称为大王。就波兰地区和玛利娅特雷莎进行战争（七年战争），一生埋头于战争中，确定了普鲁士在中欧的强国地位。倾听国民的声音，祈祷人民的幸福，说君主是国家的第一公仆，老了也应为国家奉献自己的精力，因为这些，腓特烈二世被亲切地称为"老弗里茨"。即使在厌恶普鲁士的拜恩（巴伐利亚）州中，腓特烈大王也很有人气。

腓特烈大王像

柏林2晚3日游
推荐旅游线路

柏林除了观光景点引人注目外，各式各样的音乐会和美术活动也让人印象深刻。出门前最好合理安排时间。

第1天

下午

● **到酒店登记**
放下行李即可出发。

● **勃兰登堡门观光**
在勃兰登堡门旁边的观光咨询处收集信息。

● **漫步在柏林菩提树下大街**
在街上随便走走，到咖啡店休息一会儿。

● **去哈克庭院**
购物后享用德国料理晚餐。

第2天

上午 ● **市内一日游**
从西侧的威廉皇帝纪念教堂经过波坦茨广场、柏林墙博物馆、柏林大教堂、博物馆岛向东边走边观光。

柏林墙博物馆展示了当时逃走使用的工具

下午 ● **欣赏音乐会**
柏林有柏林爱乐乐团等八个管弦乐队团体，可根据音乐会的演出时间吃完饭之后出门。

第3天

上午 ● **酒店退房**
根据下一个出行地寄存行李。

● **波茨坦观光**
可参观无忧宫和公园，有时间的话去赛西琳霍夫宫。

去往哈克庭院的中庭

115

市内交通

柏林市内交通主要有U地铁、S城际电车和巴士等，可以用相同的票（BVG车票）在有效的时间内互相换乘。市区从中心分为A、B、C三个区域，交通分为AB区、BC区、ABC区，主要的观光景点在AB区里。

BVG车票 BVG Karte

费用：单次2小时内有效车票€2.6　一日车票€6.7　一周内车票€28.5

在地铁车站的自动售票机、巴士站以及巴士车上都能买到。因为不需要检票，所以在上车前，不要忘了在打卡机上打卡。地铁车站站台内都有打卡机。乘巴士的入口处也有打卡机。

乘车之前先打卡

U地铁/S城际电车 U/S-Bahn

费用：单次使用　€2.6（BVG车票）

U地铁和S城际电车在市内纵横交错，S城际电车也有去往夏洛腾、波茨坦的延长线路。

巴士／有轨电车 Autbus/Strassen Bahn

费用：€2.6（BVG车票）

柏林有很多条巴士线路，其中的100

路、200路巴士，基本网罗了市内的主要观光景点，从柏林动物园巴士总站出发，运行时间大约间隔5分钟，频繁运营着，乘坐起来很便利。市区也有有轨电车，在东部地区线路较多。

出租车 Taxi

起步价：€3.2

主干道有出租车站点，出租车电话0800-0261026，可以拨打免费叫车电话。也可以在路上打车。打车费用按表计价，目的地很近（5分钟以内或者2千米以内）的话，叫作"kvrzstrechen（近距离）"，一口价4欧元。支付时有给小费的习惯，费用为车费的10%~15%。

柏林出租车比较安全

柏林

柏林导览 NAVI

所需时间 约3小时

乘坐100路、200路巴士 环游柏林

在柏林徒步观光是不可能的，最好乘坐从柏林动物园站出发的100路、200路双层巴士，从柏林动物园到亚历山大广场，经过主要的景点。间隔5分钟发车。中途可以下车参观，之后再乘坐巴士。车票费用很便宜，在有效时间内可以多次使用。如果是想去城市散步，可以去往波茨坦广场、东部人气景点哈克庭院等地方。

站在亚历山大广场车站眺望电视塔

 **POINT** 旅行小提示

100路巴士和200路巴士线路不太一样，考虑好顺序再搭乘。巴士1日乘车票只要6.7欧元，很方便。晚上游玩的话，可以利用夜间巴士（线路号码前有N的标志），0:30~4:30运营。

观光特殊优惠 柏林欢迎卡

可以任意乘坐公共交通工具以及参观约130个观光景点的优惠卡。可以在柏林市内AB区及郊外、包含波茨坦的ABC区使用，持卡还可以免费参观约70家美术馆、博物馆。

AB区	ABC区
48小时€18.5	48小时€20.5
72小时€24.5	72小时€26.5
5日€30.9	5日€35.9

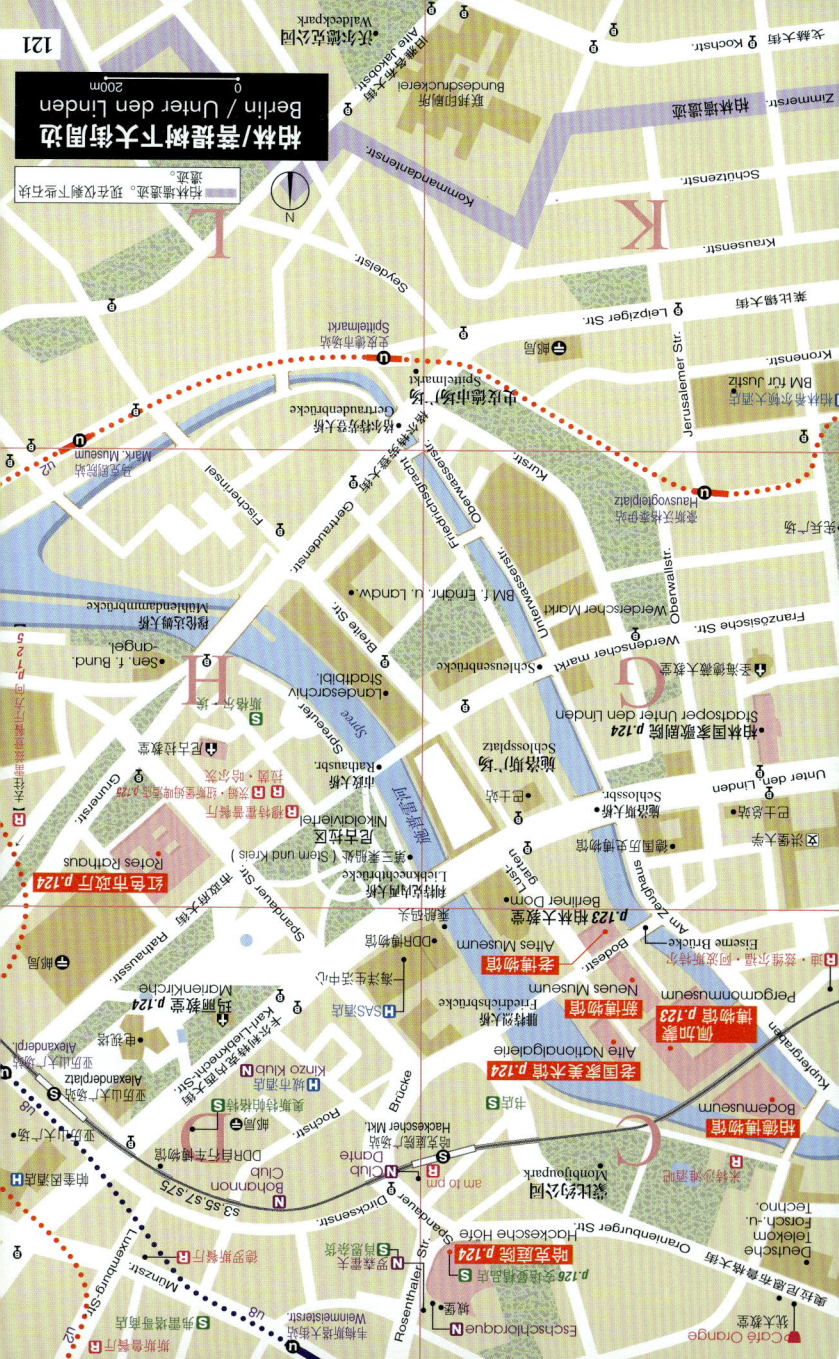

Sightseeing 观光

勃兰登堡门
Brandenburger Tor

地图 p.120-E ✦✦✦

■从S1、S2号线Unter den Linden站步行2分钟

中世纪起，柏林便由城墙完全包围，勃兰登堡门是柏林现存唯一的城门。勃兰登堡门是腓特烈威廉三世重新建造的，以雅典的雅典卫城神殿前门为模型，于1791年完成，门上有胜利女神和驷马战车雕像。1806年，拿破仑打败了普鲁士，夺取了女神和战车，1814年拿破仑战败，女神和战车又被夺回。

门顶上的马车是古代胜利女神乘坐的驷马并立的两轮马车

胜利纪念塔（战胜纪念塔）
Siegessäule

地图 p.114-B ✦✦

■巴士100路Grosser Stern站附近
■€3　9:30~18:30（周六、周日~19:00，11月~次年3月10:00~17:00，周六、周日~17:30）　全年无休

纪念普鲁士统一德国取得的胜利，于1873年建造，最上端金色的维多利亚女神像很有名。从285级台阶之上眺望，风景很美。

威廉皇帝纪念教堂
Kaiser-Wilhelm-Gedächtnis-Kirche

地图 p.119-G ✦✦✦

■从地铁U2、电车S3、S6、S9 号线 Zoologischer Garten站步行5分钟　■免费　9:00~19:00　全年无休

为了纪念德意志帝国第一个皇帝威廉

皇帝一世建造的。第二次世界大战中教堂被破坏，留下68米高的残塔作为残酷战争的纪念碑。之后，建造了新的八角形的教堂和六角形的高钟楼。时髦的教堂里绿色的玻璃很漂亮。

波茨坦广场
Potsdamer Platz

地图 p.120-I ✦✦

■从地铁U2、电车S1、S2号线Potsdamer PL站步行2分钟

广场在第二次世界大战中完全被破坏，广场中心残留的墙见证了40年的岁月流逝。之后广场重生，索尼中心、购物中心街交织，变成了充满活力的地方。

柏林墙博物馆／查理检查站
Haus am Checkpoint Charlie

地图 p.120-J ✦✦

■从地铁U6号线Koch-Str站步行5分钟
■€12.5　9:00~22:00　全年无休

曾经位于东西柏林间的检查站，现在还留着当时的牌子和小屋。旁边的博物馆里介绍了人们跨越柏林墙逃向西柏林的方法，用展板展示了一些个人经历和照片。馆内保留展示的很多遗物让人对当时的恐怖氛围有较直接的感受，是很重要的历史资料。

📕 小知识

犹太人大屠杀纪念碑

大屠杀纪念碑在勃兰登堡门的南边，原柏林墙旁边，为纪念在欧洲牺牲的犹太人而建，周围树立着2711根碑柱。纪念碑地下现在是信息中心。地图 p.120-E
免费、10:00~20:00（10月~次年3月营业~19:00）

绘画馆
Gemäldegalerie

地图 p.120-I图外 ✱✱

■乘坐200路巴士在Philhamonie站下车，步行5分钟 ■€10 10:00~18:00（周四~22:00） 周一休息

绘画馆收藏了13世纪到18世纪的欧洲绘画，约2700幅。展示从维米尔的两幅绘画开始，包括勃鲁盖尔、拉斐尔、鲁本斯等人的绘画。绘画馆位于叫作Kultur Forum的文化设施中，设施内还有工艺博物馆。

新国家美术馆
Neue Nationalgalerie

地图 p.120-I图外 ✱✱

■从200路巴士Phihamonie站步行7分钟 ■€8 10:00~18:00（周四~22:00） 周一休馆

镶着玻璃的建筑中，收藏和展示着19世纪现实主义风格以及第二次世界大战后的现代风格绘画，也收藏有克利、毕加索等浪漫主义、印象派画家的绘画。

德国国会大厦（德国联邦议会大厦）
Reichstag

地图 p.120-E

■从200路巴士 Reichstag/Bundestag 站步行2分钟 ■免费 8:00~22:00 全年无休

旧帝国国会大厦是统一后的德意志联邦议会的会场，半圆形的玻璃屋顶是柏林的象征。

犹太博物馆
Jüdisches Museum Berlin

地图 p.120-J图外 ✱✱

■从地铁U1、U6号线 Hallesches Tor站步行8分钟 ■€5 10:00~20:00（周一~10:00~22:00） 犹太人的节假日、12月24日闭馆

展示从罗马帝国时期开始到现在的德国犹太人的发展历史的博物馆。除了丰富的展示和解说外，游客还能在里面体会到一些当时被监押的犹太人无法用言语表达的苦痛。

菩提树下大街
Unter den Linden

地图 p.120-F ✱✱

■电车S1、S2号线Unter den Linden站

从勃兰登堡门到曾经的王宫，长60米的"菩提树之下"的大街。以前这里是宫廷人骑马、散步、娱乐的地方。1674年经过修整，成为视野开阔的宽敞大道。

菩提树下适合散步的道路

柏林大教堂
Berliner Dom

地图 p.121-C ✱✱✱

■从巴士100路 Lustgarten站步行2分钟 ■€5 9:00~20:00（周日、节假日12:00~，10月~次年3月~19:00，闭馆前1个小时入场）

大教堂曾经是霍亨索伦家族的宫廷教堂。教堂内有7269根管乐器，德国最大的管风琴很值得一看。地下是霍亨索伦家族墓地。

佩加蒙博物馆
Pergamonmuseum

地图 p.121-C ✱✱✱

■从100路巴士Lustgarten站步行7分钟 ■€8 10:00~18:00（周四~22:00） 全年无休

博物馆分为古希腊罗马、古代西亚美术、东方美术、伊斯兰教美术四个主要的展区，其中被视为希腊建筑最杰出作品的古代佩加蒙（现在土耳其的贝尔加尔）的宙斯大祭坛是公元前180~前160年的东西。馆内还展示着贴有动物壁画瓷砖的古代巴比伦的凯旋大道和城门。

老国家美术馆
Alte Nationalgalerie

地图 p.121-C ✹

■从巴士100路 Lustgarten站步行3分钟　€8
10:00~18:00（周四~22:00）　周一休馆

馆内古典派的雕刻作品很多，还有莫奈、塞尚、戈雅等18、19世纪巨匠的绘画以及德国印象派柯克西卡等20世纪初期画家的名画。

红色市政厅
Rotes Rathaus

地图 p.121-H ✹✹

■从巴士100路 Lustgarten站步行3分钟

1869年建成，因为使用红色砖，所以被叫作"红色市政厅"。虽然在第二次世界大战中受到了巨大的破坏，但在20世纪50年代得到了修复，作为东柏林的市政厅。74米高的塔上飘扬着印有柏林象征的"熊"的旗帜。

玛丽教堂
Marienkirche

地图 p.121-D ✹✹

■从巴士100路 Lustgarten站步行2分钟
■10:00~21:00（11月~次年3月~18:00）

是柏林仅次于尼古拉教堂的第二古老教堂。教堂里面有一幅巨大的15世纪的珍贵壁画《死亡之舞》。

哈克庭院
Hackesche Höfe

地图 p.121-C ✹✹

■从地铁U6号线Oranienburger站步行3分钟

哈克庭院是20世纪初期修建的集体住宅，柏林墙倒塌后重建，老庭院里还残留着旧时的气息。哈克庭院有8个中庭，里面有很多咖啡馆和画廊等。

夏洛腾堡宫
Schloss Charlottenburg

地图 p.114-B ✹✹✹

■从巴士309路 Schloss Charlottenburg站步行2分钟　旧王宫€7　10:00~18:00（11月~次年3月至17:00）　新侧翼建筑€6　10:00~18:00（11月~次年3月~17:00）

第一代普鲁士国王弗里德里克一世为妻子索菲夏洛特建造的宫殿，现在里面展示着很多美术作品。"黄金屋"十分值得一看。

达勒姆博物馆
Museumszentrum Dahlem

地图 p.114-A ✹✹

■从地铁U3号线 Dahlem Dcrf站步行5分钟
■€6　10:00~18:00（周六、周日11:00~）　周一休馆

博物馆展品丰富，有古代玛雅文明遗迹展示，有印度美术、东亚美术、伊斯兰美术等代表其他地区文明的收藏品展示。

柏林的艺术

柏林的艺术表现形式以音乐会、歌剧为首，现代剧、音乐剧等娱乐也很多。柏林管弦乐团是世界顶尖级8个乐团之一。

管弦乐团大厅　Philharmonie　地图 p.120-I

■从电车S1、S2Potsdamerpl.站步行10分钟
位于波茨坦广场西侧，是世界屈指可数的柏林管弦乐团的音乐大厅。

柏林音乐厅　Konzerthaus Berlin　地图 p.120-F

■从地铁U6号线 Franzosiche Str.站步行3分钟
柏林音乐厅窄而高的鞋盒形大厅和希腊神殿风格的外观很宏伟。

柏林国家歌剧院　Staatsoper Unter den Linden　地图 p.121-G

■地铁U2号线Deutsche Oper Berlin站附近
柏林国家歌剧院创建于1743年，为古典样式，后经过多次改建，2015年还在重建中。演出多在希腊剧场里上演。

Eating 美食

柏林

德国菜（勃兰登堡门）

玛尔戈餐厅
Margaux

地图 p.120–E　　　　　　　英👤 英🔴 预

🚃 从电车S1、S2线Unter den Linden站步行1分钟
✉ Unter den Linden 78　☎ 22652611
🕐 19:00~22:30　休 周日、节假日　金 €20~

全新口味的菜肴获得好评

　　餐厅入口在威廉大道上。餐厅以前卫与古典完美融合的烹饪法闻名，在欧洲传统菜肴及口味的基础上，创新出了崭新的组合。晚上菜品价格有所上涨，白天商务套餐非常合适。

德国菜（东区）

雷兹登餐厅
Zur Letzten Instanz

地图 p.121–H图外　　　　　　英👤 英🔴

🚇 从地铁U2号线Klosterstr.站步行3分钟
✉ Waisenstrasse 14–16　☎ 2425528
🕐 12:00~次日1:00　休 周日　金 €13~

柏林市内最古老的酒吧

　　店名的意思为"最后的审判"。这是1621年在柏林创建的最古老的餐馆。一直受到市民喜爱，保留着传统和品质。古老的瓷砖壁炉很漂亮。有经典的菠萝冰淇淋。

德国菜（东区）

茨姆·纽斯堡姆啤酒屋
Zum Nussbaum

地图 p.121–H　　　　　　　英👤 英🔴

🚌 从100路巴士 Spandauer–Str.站步行10分钟
✉ Am Nussbaum 3　☎ 2423095
🕐 12:00~24:00　休 无　金 €12~

夏季时为庭院式啤酒店

　　啤酒屋在柏林的发祥地尼古拉教会周边。以前是人们乘船来聚会的饮酒屋，拥有值得炫耀的250年的历史。现在以大众化的氛围吸引了大批食客，店内以小麦为原料制作的白啤人气很高。

咖啡馆、餐厅（库达姆大街）

克兰泽咖啡馆
Café Kranzler

地图 p.119–G　　　　　　　英👤 英🔴

🚇 从地铁U1号线Kurfürstendamm站步行1分钟
✉ Kurfürstendamm 18　☎ 887 18 39–25
🕐 8:30~20:00　休 无　金 €7~

前身是普鲁士王室御用点心店

　　克兰泽咖啡馆是一家1835年创建，1934年搬至现址的老店。咖啡馆改建后的建筑保留了希腊式的圆形屋顶。

📕 小知识

柏林的咖喱

　　如今德国任何地方都有的咖喱烤肠，诞生于1949年的柏林。据说很久以前，有个小摊贩在烤的烤肠里，放上番茄酱和12种印度产的香料，烤肠因此非常好吃。通常是在小摊上吃咖喱烤肠，在茨姆·纽斯堡姆Biers Kudamm195（地图p118–J 电话8818942 营业时间11:00~次日5:00、周日12:00~、周五、周六~次日6:00）店里有桌子和椅子，这家店从很久以前开始就是作为专门的咖喱烤肠店而被人们所知。柏林还有咖喱烤肠博物馆（Deutsches Currywurst Museum Berlin）（地图p.120–J）。

撒上香料的
咖喱烤肠

柏林的区号 ☎030

Shopping 购物

陶磁器（库达姆大街）

KPM皇家瓷器
KPM

地图 p.119-G

🚊 从地铁U9、电车15号线Kurfürstendam站步行5分钟　✉ Kurfürstendam 27　☎ 88627961
🕐 8:00~20:00　休 周日

皇室御用高级瓷器专营店

自1763年腓特烈王时代起，这里成为王室的瓷器专营店。画有野花的豪华系列很有人气。

杂货铺（东区）

安培曼精品店
AMPELMANN Galerie Shop

地图 p.121-C

🚊 从电车S5、S7、S9Hackescher Markt站步行4分钟　✉ Hackesche Höfe, Hof 5 Rosenthaler Str. 40-41　☎ 44726438
🕐 9:30~22:00（周六10:00~19:00）　休 无

红绿灯造型的小商品很有人气

店里表示停止的红色小人和呈走路姿势的绿色小人很有人气。钥匙环、文具、T恤等商品作为特产购买最合适。

布制玩偶（库达姆大街）

施特夫商店
Steiff

地图 p.119-G

🚊 从地铁U9、电车15号线Kurfürstendam站步行5分钟　✉ Kurfürstendam 220
☎ 88625158　🕐 10:00~20:00　休 周日

高档玩偶专卖店

商品以触感非常好为特征的布制玩偶专卖店。带着皇冠象征柏林的小熊很受欢迎。

百货商店（维滕贝格广场）

卡迪维商店
Ka De We

地图 p.119-L

🚊 从地铁U1、U2号线Wittenbergpl.站步行3分钟　✉ Tauentzienstr. 21-24　☎ 21210
🕐 10:00~20:00（周五~21:00、周六9:30~）　休 周日

食品的丰富程度让人瞠目结舌

1907年创建的老百货商店，楼上的熟食很有名。罐装、瓶装的食品很多，会聚了德国的品牌。

Stay 住宿

菩提树下大街	**阿德隆凯宾斯基柏林酒店** Hotel Adlon Kempinski Berlin 🛏 🍴 🏊 🎫 🛎 地图 p.120-E　★★★★★	🚊 从S1、S2号线Unter den Linden站步行3分钟 ✉ Unter den Linden 77 ☎ 22610　FAX 22612222 💰 S€350~、D€350~　🛏 382 HP www.hotel-adlon.de
波茨坦广场	**瑞兹·卡尔顿柏林酒店** The Ritz-Carlton Berlin 地图 p.120-I　★★★★★	🚊 从S1、S2、地铁U2号线Potsdamer Platz站旁边 ✉ Potsdamer Platz 3 ☎ 337777　U 337775555 💰 S€295~、D€325~　🛏 303 HP www.ritzcarlton.com
库达姆	**布里斯托凯宾斯基柏林酒店** Kempinski Hotel Bristol Berlin 🛏 🍴 🏊 🎫 🛎 地图 p.119-G　★★★★★	🚊 从地铁U1号线Uhlandstr站步行1分钟 ✉ Kurfürstendamm 27 ☎ 88434704　FAX 8836075 💰 S€150~、D€150~　🛏 246 HP www.kempinski-berlin.com
	好莱坞传媒酒店 Hollywood Media Hotel Berlin 地图 p.118-J　★★★★	🚊 从地铁U2号线Uhrand Str.站步行5分钟 ✉ Kurfürstendam 202 ☎ 89100　FAX 8910280 💰 S€139~、D€159~　🛏 182 HP www.filmhotel.de
动物园站	**萨沃伊酒店** Hotel Pension Savoy 地图 p.119-G　★★★	🚊 从地铁U9号线Kurfürstendam站步行5分钟 ✉ Meineke Str.4 ☎ 88471610　FAX 88476145 💰 S€79~、D€109~　🛏 125 HP www.hotel-pension-savoy.de

126

柏林周边1日游 One day Trip

波茨坦

地图p.6-B

古都宫殿被森林和湖泊簇拥环绕，停下脚步，在被历史铭记的波茨坦会谈的城市，度过宁静的一天。

坐拥大片绿植的无忧宫。台阶的尽头就是宫殿

ACCESS
铁路▶从柏林乘S7路车约40分钟
巴士/电车▶可以利用柏林的AB区间交通

ℹ️ 观光咨询处
勃兰登堡门一侧 ■275580 9:30~18:00（周六、周日、节假日~16:00/11月至次年3月早晨10:00开门，周六、周日、节假日~14:00）

老城区
Altstadt　　　　地图p.127

■从波茨坦站步行7分钟

老城区位于市中心，排列着红砖建筑的Mittelstrasse 是为了纪念18世纪前半叶的荷兰移民而修建的荷兰街（Hollandisches Viertel）。勃兰登堡大道的西边是腓特烈大帝为纪念七年战争胜利而修建的勃兰登堡门（Brandenburger Tor）。

无忧宫和公园
Schloss und Park Sanssouci　地图p.127

■从勃兰登堡门步行10分钟
■€12（11月~次年3月€8）10:00~18:00（11月~次年3月~17:00）周一休馆
■新宫殿€6 周二休馆

从1777年到1860年，占地约300公顷的公园里陆续修建了宫殿和公馆。园内有

位于无忧宫庭园里的中国茶馆

橘园（温室）、夏洛特城堡等。一定要看放置中国瓷器的中国茶公园。无忧宫是创建了普鲁士宫廷建筑原型的克诺伯斯多夫的杰作，根据腓特烈大帝的命令于1747年完成。无忧宫被世人誉为洛可可宫殿的代表，前院有梯形的温室，辉煌美丽。

洛可可风格的建筑和庭院很美

采茨利恩豪夫宫
Schloss Cecilienhof　地图p.127

■从692路巴士Schloss Cecilienhof站步行5分钟　■€6、只参观皇太子的房间只需要€4 10:00~18:00（11月~次年3月~17:00）
■周一休馆

采茨利恩豪夫宫位于新花园公园里，为英国乡村风格的狩猎宫。是1917年为德意志帝国最后的皇太子威廉和皇妃塞琪琳而建造的。现在宫殿的一部分成为酒店，历史上召开"波茨坦会谈"的部分成为博物馆开放。宫殿外的庭院很漂亮。

举行波茨坦会谈的会场

迈森
MEISSEN
地图p.6-B

迈森，世界闻名的瓷器之城，因其瓷器上所特有的代表性双剑徽章，又被称为"蓝剑之都"。在迈森可以享受徒步漫游的乐趣。

阿尔布雷特希特城堡坐落在易北河畔

ACCESS 去迈森的交通
铁路▶从德累斯顿乘S线约需40分钟 船▶从德累斯顿到易北河的游览船，行驶约2小时

ℹ **观光咨询处**
市场广场■Markt 3 ☎ 41940　10:00～18:00（周六日、节假日～16:00），11月～次年3月～17:00（2～3月周六～15:00），1月的周六、11月～次年3月的周日、节假日休息

城市概览

迈森的历史十分悠久，是10世纪时在易北河近浅滩的山上作为军事据点而建。18世纪初期因为制造白瓷器，作为陶瓷器生产的重要城市发展起来。

观光亮点

迈森有名的景点有可以俯瞰易北河的阿尔布雷特希特城堡和大教堂，还有宽广的老城区。在集市广场可以利用城市巴士去迈森有名的瓷器广场参观。

Sightseeing 观光

集市广场
Markt
地图 p.128 **❋❋**

■从迈森车站步行10分钟

广场是城市的中心。白天这里有集市，很热闹。广场的正对面是16世纪修建的圣母教堂（Frauenkirche），教堂有用迈森瓷器制作的组钟，正点时用美丽的音色报时。广场上有在市内巡回的城市巴士车站。

集市广场被各种建筑环绕

拥有瓷器制的组钟的圣母教堂

阿尔布雷特希特城堡
Albrechtsburg
地图 p.128 **❋❋**

■从集市广场步行10分钟
■€8　10:00～18:00（11月～次年2月～17:00）12月24、25日休息

城堡是15世纪后期，由阿尔布雷特希特伯爵建设而成的后哥特式风格的建筑。

迈森的区号 ☎ 03521

NIEDERMEISA
p.129 大教堂
Dom
阿尔布雷特希特城堡 *p.128*
Albrechtsburg
迈森酒店
城堡
B101
宾科尔克鲁兹餐厅
St.
Afrakirche
文森茨·李希滕餐厅*p.129*
巴洛克
酒店
圣母教堂
市场酒店
Dammweg
➕医院
Kranken Haus
市立剧院
市政府 ●Heinrichspl.
罗斯广场
Rosspl.
集市广场 *p.128*
Markt
Görnische Gasse
Elbbrücke
迈森车站
Bhf. Meissen
Uferstr.Siebeneichener Str.
易北河 Elbe
Dresdner Str.
S商店
Talstr.
Neunmarkt
Nikolaikirche
PLOSSEN
迈森瓷器工场 *p.129*
Staatliche Porzellan-Manufaktur Meissen GmbH
市立公园
Stadtpark
●Plossenberg
Wildruffer Str.

迈森
Meissen
0　　　300m

建筑物里面光线昏暗，却因壁画、支撑拱形天花板的柱子而给人以特殊的美感。被人们称为"大螺旋阶梯"的正面阶梯值得一看。1710~1864年，城堡里还建有瓷器工厂，后于1865年迁走。

大教堂
Dom
地图 p.128　**　**

■从集市广场步行10分钟　　€3.5（上塔€2）
9:00~18:00（11月~次年3月10:00~16:00）　全年无休

13世纪开始修建、15世纪末完成的大教堂。历代公爵在府邸迁移之时，都将墓碑存放于此。墓碑均由当时轰动一时的纽伦堡的工房所制作。4~10月13:00、14:00、15:00、16:00可跟随导游登塔。4~10月，除了周日，每天都举行风琴表演。

迈森瓷器工厂
Staatliche Porzellan-Manufaktur Meissen GmbH
地图 p.128　***

■从迈森车站乘城市巴士10分钟
■€9　9:00~18:00（11月~次年4月~17:00、12月31日和1月1日~16:00）　12月24~26日休息

瓷器工厂于1865年从位于高岗的城内迁移到现在的位置。工厂里有美术馆，在建筑的2层到3层，展示着许许多多的迈森瓷器。从早期的作品到现代新这个也是由瓷器制成令人耳目一新的展示品

参观学习工房里能看到绘画等

艺术风格的作品，有许多珍贵的收藏。在来宾中心（参观学习工房），游客可目睹制作者们现场绘图制作的过程。1层有商店，可以买到迈森瓷器。工厂内还有餐馆和咖啡厅。

Eating 　美食

德国料理

文森茨·李希特餐厅
Vincenz Richter
地图 p.128　　　　　英人　英牌

交 从集市广场步行1分钟　　An der Frauenkirche 12　☎ 453285　营 12:00~23:00（周日~17:00）　休 周一　金 €30~

可享用美味的葡萄酒和本土料理

迈森是葡萄酒的盛产地，在这家店里能喝到很美味的葡萄酒。餐厅料理是传统的迈森口味。木头修建的店铺内，用收藏的武器做装饰着，也有丰富的葡萄酒藏品。院子里的席位很受欢迎。

📖 　小知识

高档瓷器——迈森瓷器

两把交叉的蓝剑是迈森瓷器的标志，其中"蓝色洋葱"是迈森瓷器中最著名的系列之一。迈森白瓷是于1720~1775年由迈森彩画师约翰·弗里得里希·伯蒂格尔（Johann Gregorius Hoeroldt）研制并设计，受到世人的喜爱。直到奥古斯特一世时，欧洲都没有白瓷器的制作技术，1709年炼金术师才成功烧制出了白瓷。奥古斯特公爵在城市中建造了瓷器工厂，他在城中居住，持有白瓷的制作方法。

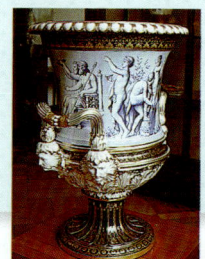

129

德累斯顿
DRESDEN
地图 p.6–F

从温格宫眺望易北河

德累斯顿被世人誉为"易北河的珍珠""易北河畔的佛罗伦萨",坐落在美丽的易北河畔,是艺术之城,随处可见巴洛克式的建筑。歌德曾一边眺望易北河的美景一边赞美这座城市。

ACCESS 去德累斯顿的交通
飞机▶从法兰克福出发约1小时,从慕尼黑出发约1小时 铁路▶从柏林出发约2小时15分钟

ℹ 观光咨询处
文化会馆 Schlossstrasse 2 10:00~19:00(周六~18:00、周日和节假日~15:00)全年无休

城市概览

德累斯顿曾经是易北河畔的斯拉夫人居住的渔村,于12世纪在迈森边境伯爵的主持下而设立市镇。后成为萨克森王国首都,接下来的奥古斯特二世时,逐渐发展成华丽的巴洛克式的都市。德累斯顿成为德国为数不多的集绘画、建筑、音乐成就为一体的艺术之城。在第二次世界大战时,因大空袭,整座城市化为灰烬。1990年德国统一后,开始修复德累斯顿城和城中的多处建筑。街道像曾经的巴洛克式建筑林立的街道那样复原,人们又能见到昔日辉煌的优雅古都。

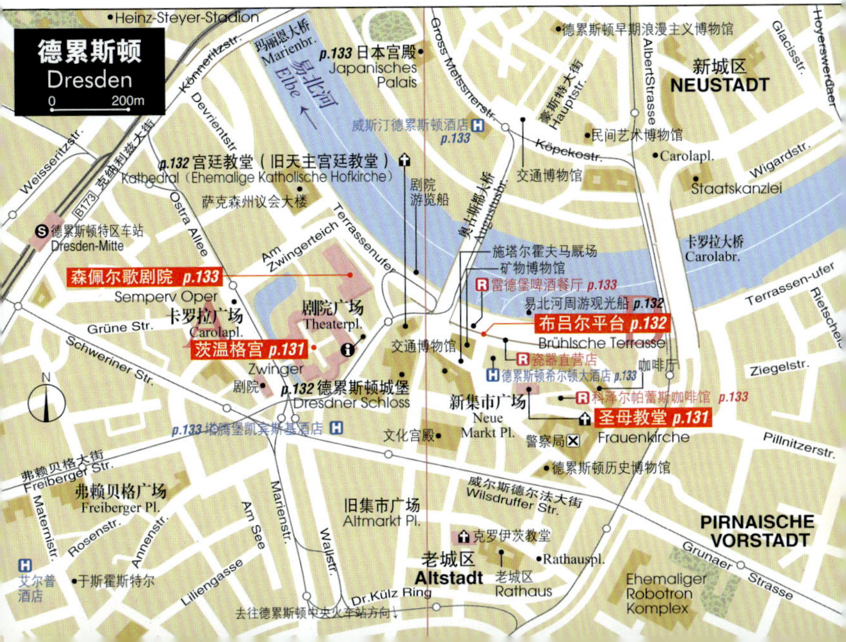

观光亮点

◆ **整座城市最美的景点**

城市最大的亮点要数茨温格宫，是世界上有名的巴洛克式建筑的杰作，宫殿内的美术馆、博物馆不容错过。从茨温格宫到易北河畔的老城区，有森佩尔歌剧院（Semperoper）、德累斯顿王宫（Residenzschloss）、德累斯顿圣母教堂（Dresdner Frauenkirche）、布吕尔平台（Brühlsche Terrasse）等景观，有名的观光地尽数聚集在此。易北河的北侧是新城区。旧街道的西边是德累斯顿站，南边是中央车站。

◆ **点心史多伦的发祥地**

说到德累斯顿，人们便会提起史多伦。史多伦是圣诞节的点心，但由于原产地就在德累斯顿，所以9月份开始德累斯顿就有店铺开始出售了。名为"Dominosteine"的杏仁巧克力最有特色。

Sightseeing 观光

茨温格宫
Zwinger

地图 p.130–A ✱✱✱

■从剧院广场步行1分钟
■历代大师画廊和陶瓷器收藏馆通票€10、12家国家美术馆通票€12 10:00~18:00（12月31日~14:00、1月1日14:00~）周一和12月24、25日休馆

茨温格宫是德意志巴洛克建筑大师珀佩尔曼的杰作，茨温格原为"要塞"之意。素有"强者"之称的萨克森选帝侯奥古斯特一世，拆掉了古老的要塞，建造了

温室橘园。完成后，又建造了包围中庭的馆，用回廊连接斗兽场风格的建筑，在广阔的中庭举行演出或者是骑马比赛。现在，建筑的内部是美术馆和博物馆。西边的历代大师画廊（Gemadegalerie Alte Meister），展示着伦勃朗、鲁本斯的作品，拉斐尔的《西斯廷圣母》值得一看。另外不要错过陶瓷器馆（Porzellansammlung），馆内展示着选帝侯们收藏的来自中国、日本的陶瓷器，还有许多古老的迈森瓷器。

陶瓷器展示

圣母教堂
Frauenkirche

地图 p.130–B ✱✱✱

■从剧院广场步行5分钟
■含语音讲解€2.5 10:00~12:00、13:00~18:00（周日11:00~、礼拜时关闭）12月26、28日午后及12月29~31日休息

圣母教堂位于新集市广场，是11世纪修建的历史悠久的教堂。18世纪重建，塔高95m，为巴洛克式风格教堂。因为"二战"成为废墟，很长的时间里作为遗址保留。1994年开始复建，所有的瓦砾都经编号整理，历经复杂的修复工作，重新回到原地，从而再现了教堂壮丽的内部景观。从塔上眺望，风景很美。周一~周六12点、18点教堂内有2次风琴演奏，同时有导游带领跟随讲解游览。

德累斯顿的区号 ☎0351

德累斯顿城堡
Dresdner Schloss

地图 p.130-A ✦✦✦

■从剧院广场步行1分钟 🕐 €10 历史绿顶珍宝馆 €12 10:00~18:00 周二闭馆

"二战"中，城堡大部分被烧毁，不过皇宫左边的瓷器壁画却毫发未损。奥古斯特二世在位时主持修建了标题为"君主出行"的壁画，壁画长101米，用迈森瓷砖制成，使用了25 000块瓷砖。空袭中，王宫被烧时，只有这些瓷砖壁画经受住了大火。

城堡内展示着选帝侯的收藏。其中奥古斯特二世收集的宝物被称为世界上最豪华的宝物，游客能欣赏到各种各样璀璨的珍宝。武器博物馆（Rustkammer）和绿顶珍宝馆（Grunes Gewolbe）、历史绿顶珍宝馆（Historisches Grunes Gewolbe）（需要预约时间的入场券，10点后可以在窗口购买）尤其值得一看。从展望台眺望，周围风景也很美。

小知识

奥古斯特二世"强力王"

腓利比·奥古斯特二世（1670~1733），在1694年成为萨克森选帝侯，因天生强力，被称为"强力王"。他启用建筑家珀佩尔曼，建造了许多巴洛克风格的建筑，让德累斯顿成为了欧洲的首都。

墙壁上是气势恢宏的《君主出行》壁画

宫廷教堂（旧天主宫廷教堂）
Kathedrale (Ehemalige Katholische Hofkirche)

地图 p.130-A ✦✦

■从剧院广场步行1分钟 ■9:00~18:00（周五13:00~、周六10:00~、周日12:00~16:00）

于1755年修建而成，是萨克森州最大的教堂。钟楼高85米，壮丽的外壁装饰着很多圣人的雕像。地下圣堂有萨克森王室家族的石棺，还保存着奥古斯特二世的心脏。必看的是管风琴，作为风琴大师戈特弗里德·西尔伯曼最后制作的作品而广为人知。

布吕尔平台
Brühlsche Terrrasse

地图 p.130-B ✦✦✦

■从剧院广场步行3分钟

布吕尔平台是沿着易北河修建的展望台样式的露台，是奥古斯特三世亲友布吕尔伯爵1738年为了休息而建造的平台。1814年以后平台对大众开放。布吕尔平台又被称为"欧洲的平台"，从这里能看到易北河美丽的景色。

最适合散步的小道

易北河周游观光船
Kleine Rundfahrt

地图 p.130-B ✦✦

■从剧院广场步行5分钟

■€8 14:30~16:00 不定期休息

乘船处就位于布吕尔平台前，乘坐观光船能使人愉快地游览易北河。坐船游玩约需1小时30分钟，从河上可以欣赏河岸旁美丽的德累斯顿。此外，这里也有开往迈森等方向的游览船。

森佩尔歌剧院
Semper Oper

地图 p.130-A ✴✴

■从剧院广场步行1分钟
■带导游讲解€9

戈特弗里德·森佩尔1841年建造完成了这座歌剧院，后于1869年被烧毁，之后歌剧院由森佩尔的儿子曼福雷德·森佩尔再建，于1878年完成。这里是瓦格纳的《唐怀瑟》初演的地方。每年5月下旬到6月上旬的"德雷斯顿音乐节"就是在这里开幕。歌剧院建筑十分宏伟，非常引人注意。

日本宫殿
Japanisches Palais

地图 p.130-A ✴

■从新城广场步行5分钟　■史前史博物馆€3、民族学博物馆€2.5　10:00～18:00　周一、12月24日、12月25日、1月1日休馆

易北河之畔的新城区广场对面便是日本宫殿。日本宫殿由温茨格宫的建造者珀伊尔曼亲手打造，建筑极具东洋风格。作为奥古斯特强力王收纳迈森瓷器的场所，日本宫殿于1737年建造完成，拥有美丽的庭院。

Eating 美食

啤酒餐厅（老城区）

雷德堡啤酒餐厅
Radeberger Sperzialausschank

地图 p.130-B　英📖 英

交 从新集市广场步行3分钟
✉ Terrassenufer1　☎ 4848660
🍴 11:00～次日1:00　休 无　💰 €16～

瑞德伯格啤酒直营店

与布吕尔平台遥相对望的啤酒餐馆，德国初期的比尔森啤酒公司直销店，店内还有啤酒桶。过滤前压榨的白而浊的茨威克啤酒只有在这里才能喝到。

咖啡馆&西餐厅（老城区）

科泽尔帕蕾斯咖啡馆
Coselpalais

地图 p.130-B　英📖 英

交 从新集市广场步行7分钟
✉ An der Frauenkirche 12　☎ 4962444
🍴 10:00～24:00　休 无　💰 €20～

由18世纪古老的巴洛克建筑改建而成

咖啡馆所在建筑前身是奥古斯特大王为了情人科泽尔伯爵夫人的儿子建造的公馆。店内料理混合了法国风味，蛋糕的种类很丰富。使用迈森瓷器喝咖啡让人感觉愉快。

Stay 住宿

老城区	**塔腾堡凯宾斯基酒店** Hotel Taschenbergpalais Kempinski 地图 p.130-A ★★★★★	交 从剧院广场步行2分钟 ✉ Taschenberg 3 ☎ 49120　FAX 4912812 💰 S€152～、D€182～　室 214 HP www.kempinski-dresden.de
	德累斯顿希尔顿大酒店 Hilton Dresden 地图 p.130-B ★★★★★	交 从剧院广场步行7分钟 ✉ An der Frauen kirche 5　☎ 86420　FAX 8642725 💰 S€150～、D€165～ 室 333 HP www.hilton.com
新城区	**威斯汀德累斯顿酒店** The Westin Bellevue Dresden 地图 p.130-A ★★★★★	交 电车4号、9号线 Neustadter markt站步行1分钟 ✉ Grosse Meissner Str.15　☎ 8050　FAX 8051609 💰 S€99～、D€99～ 室 340 HP www.westin.com/dresden

慕尼黑

MÜNCHEN

地图 p.6-E

慕尼黑是德国南部城市。历代国王酷爱艺术和啤酒。是以自然、艺术和美食闻名的城市。

广场一角

ACCESS 去往慕尼黑的方式

飞机▶北京直航约12个小时

铁路▶从柏林乘车大约6小时30分钟

i 观光咨询处

中央车站内 9:00~20:00（周日10:00~18:00） 新市政厅内 9:00~19:00（周六~16:00、周日~17:00） 节假日、12月25日和26日、1月1日休息

城市概览

9世纪，此地是拥有修道院的村落，名字是慕尼黑（Munichen），德语意即"僧侣之地"，慕尼黑诞生。12世纪后期，成为皇帝赐予拜仁公爵的领地，此后慕尼黑一直是巴伐利亚王室所在地，被维特尔斯巴赫家族统治。到1848年欧洲革命爆发前，城市里有慕尼黑大学、新旧两个绘画馆（绘画陈列馆）、王宫（Residenz）等，并列在街道上。1918年，第一次世界大战末期，维特尔斯巴赫家庭的统治结束。在第二次世界大战中，大部分城市被毁坏掉，"二战"后慕尼黑得到迅速重建，再次成为美丽的都市。

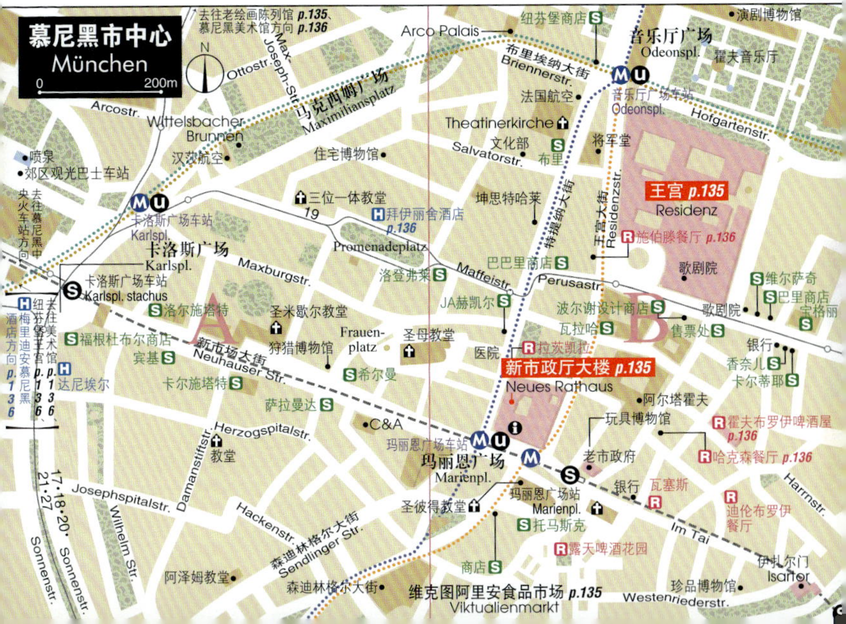

慕尼黑

观光亮点

◆艺术和文化之城

城市的中心在慕尼黑中央车站的东侧，围绕着新市政厅大楼，周边集中了有名的景点，北侧以慕尼黑王宫为起点，景点众多。与"艺术和文化之城"相称，从旧绘画馆开始，博物馆、美术馆的数量超过了50家，剧院、音乐会场也很多。

◆种类丰富的德国美食

啤酒和美味的香肠，种类丰富到无法想象。白肠是特产，添加了有甜味的芥末酱。9~10月有啤酒节，在德国十月节会场上，排列着各个啤酒厂的帐篷，白天夜晚都很热闹。

Sightseeing 观光

新市政厅大楼
Neues Rathaus
地图 p.134–B　✲✲✲

■S1Marienpl.站附近　■登塔€2.5　9:00~19:00（11月~次年4月~17:00）　周六、周日、节假日、12月24日、12月31日休息

玛丽恩广场北侧的新市政厅大楼是1908年建造的华丽的新哥德式建筑，楼上的钟很有名。除了复活节的周五，每天11点和12点（3~10月还有17点），钟声响起的同时，与真人等高的玩偶也会动起来。玩偶时钟上层表演16世纪的骑马比赛，下层再现了制作木桶的匠人跳舞的场景。可以利用电梯登上市政厅上的高塔。

每天11点和12点市政厅大楼上的钟会动

慕尼黑的区号 ☎089

维克图阿里安食品市场
Viktualienmarkt
地图 p.134–B　✲✲

■从S1 Marienpl.站步行6分钟

当地的平民食品市场。市场里面有美食大排档、各种挂件摊位、精美礼品小店等。市场内还有一座露天花园。

王宫
Residenz
地图 p.134–B　✲✲

■从玛丽恩广场步行5分钟　　●€7（包含珍宝馆的通票€11）　9:00~18:00（10月中旬~次年3月10:00~16:00）　12月24日、25日休息

王宫有着意想不到的朴素的外观，内部却华丽无比，维特尔斯巴赫家族的藏品让人眼花缭乱。用金色装饰的维特尔斯巴赫家族的"祖先家廊"，以及16世纪的大厅"古物陈列馆"很壮观。珍宝馆（Schatzkammer）里有11世纪初期匈牙利皇后的金十字架以及16世纪历代国王的圣像。

老绘画陈列馆
Alte Pinakothek
地图 p.134–A图外　✲✲

■地铁U2、U8号线Königspl.站附近　■€7　10:00~18:00（周二~20:00）　周一、12月24日、25日、31日休息

老绘画陈列馆是1836年为了收纳维特尔斯巴赫家族的画作藏品而建立的。陈列馆汇集了14~18世纪的欧洲名画，拉斐尔、伦勃朗、鲁本斯等的作品很有人气。必看的画作很多，如丢勒的《四个使徒》。

135

慕尼黑美术馆
Neue Pinakothek

地图 p.134-A图外 ✳✳

■地铁U2、U8号线Königspl.站附近
■€7　10:00~18:00（周三~20:00）　周二、
12月24、25日、31日闭馆

　　1981年完成的后现代风格的建筑，19
世纪的绘画收藏中心。美术馆内藏品众
多，有塞尚、梵高等法国印象派画作，有
马克思·利伯曼等德国印象派画作，有克
林姆特等世纪末的艺术作品。

美术馆
Lenbachhaus

地图 p.134-A图外 ✳✳

■从地铁U2、U8号线Königspl.站步行2分钟
■€8　10:00~18:00　周一、12月24日和31日休馆

　　美术馆主要收藏19世纪慕尼黑的绘
画。1911年前卫艺术家康丁斯基等人兴起
了艺术运动，系列作品以"蓝色骑士"命
名；美术馆以收藏"蓝色骑士"画作而闻
名，藏品包括康丁斯基、马克、格雷等人
的作品。

纽芬堡王宫
Schloss Nymphenburg

地图 p.134-A图外 ✳✳

■从电车17路Schloss Nymphenburg站步行5分钟
■€11.5（仅包含王宫€5）冬季€8.5
9:00~18:00（10月~次年3月营业至~16:00）
12月24日、25日、31日和1月1日闭馆

　　维特尔斯巴赫家族的夏季宫殿，以17
世纪建造的公馆为中心增建起来。王宫内
开放的有路德维希二世出生的房间。

Eating　美食

啤酒屋（玛丽恩广场周边）

霍夫布罗伊啤酒屋
Hofbräuhaus

地图 p.134-B　英英英👤

🚇 从玛丽恩广场步行5分钟
✉ Platzl 9　☎ 2901360　🕐 9:00~24:00
休 无　💰 €15~

慕尼黑最出名的啤酒屋

　　穿着皮短裤的大叔们
在店里演奏着轻快的音
乐，店里很热闹。香肠套
餐5.6欧元。

德国料理（玛丽恩广场周边）

哈克森餐厅
Haxnbauer

地图 p.134-B　英英英👤

🚇 从玛丽恩广场步行4分钟
✉ Sparkassenstrasse 6　☎ 2166540
🕐 11:00~24:00　休 无　💰 €30~

猪肉料理是镇店名菜

　　远远地就能看见店内旋转着的烤猪颈
肉。店内有丰富的原创猪肉料理，1/2猪
颈肉17.2欧元。

拜仁料理（音乐厅广场）

施帕滕餐厅
Spatenhaus

地图 p.134-B　英英英👤

🚇 从地铁U3、U4、U5、U6号线Odeonsplatz站
步行4分钟
✉ Residenzstrasse 12　☎ 2907060
🕐 9:30~次日1:00　休 无　💰 €25~

　　餐厅位于国家剧院的对面；推荐店内
的拜仁特色菜。

Stay　住宿

中央车站	**梅里迪安慕尼黑酒店** Le Meridien München 地图 p.134-A图外 🚇 中央车站附件 ✉ Bayerstrasse 41　★★★★★	☎ 24220　FAX 24221111 金 T€245~　室 381 HP www.lemeridien-muenchen.com
玛丽恩广场	**拜伊丽舍酒店** Hotel Bayerischer Hof 🏨🍴🍷🏪🍽♨🛁📶 地图 p.134-A　★★★★★	🚇 玛丽恩广场步行4分钟 ✉ Promenadeplatz 2-6 ☎ 21200　FAX 2120906 金 S€280~、D€450~　室 395 HP www.bayerischerhof.de

旅行信息
Travel Information

携带物品·出发前检查事项

是/否		物品	重要性	备注 / 参照页
随身携带物品		护照	◎	p.141
		境外旅行意外伤害保险	◎	p.141
		电子机票	◎	
		报团凭证/机场盖章	◎	
		酒店预订凭证	◎	
		现金	○	p.143
		信用卡	○	p.143
		旅游指南/旅游会话指南	◎	
		洗漱用品/湿巾/纸巾	◎	
		化妆品/生理用品	◎	
		护照复印件/照片（2张）	○	p.141
		电子计算机/笔、本	○	
		雨具	○	防止被淋
		营养品	○	补充营养
		墨镜/帽子	○	P.142 夏季日照强烈
		国际驾照	△	
		手机	△	
		数码相机/充电器/电池	△	
		常备药	◎	
		英文诊断书	△	
托运行李		换洗衣物	◎	可在当地购买
		裤子/鞋	○	
		随身小包	○	
		洗发液/沐浴露	△	
		吹风机	○	
		变压器/转换插头	△	
		洗涤用品	○	清洗换洗衣物
		毛巾	○	
		挖耳勺/棉棒	△	
		泳装、手提袋	△	
		拖鞋	△	非高档酒店不提供拖鞋
		速食食品	△	必要时可以立即填饱肚子
		小刀	△	禁止带入机舱
		闹钟	△	
		缝纫包	△	

◎=绝对有必要　　○=应当携带　　△=可携带

确定出发日程

	冬						春										
月份	**1**月			**2**月			**3**月			**4**月			**5**月			**6**月
	上旬 中旬 下旬			上旬 中旬 下旬			上旬 中旬 下旬			上旬 中旬 下旬			上旬 中旬 下旬			上旬 中旬 下

旅行费用变化图

●旅行团费用的详细内容

以东德+中欧4国10日游为例
参观柏林、波茨坦、德累斯顿三大城市，环游德国东部。然后依次前往布拉格、维也纳、捷克克鲁姆洛夫、萨尔茨堡、布拉迪斯拉发，最后抵达布达佩斯。入住中档酒店，双人间。团费中未包含国内机场设施使用费、国外机场税、游客安保服务费等费用。

人们盛装打扮庆祝迈斯特·特伦克历史节

节日（庆典）

最低
2月中旬~下旬

1月6日／奥地利·德国
新年—1月1日

1月6日／奥地利·德国
主显节

3月15日／匈牙利
独立纪念日

4月18日／奥地利·德国

4月20日／奥地利·德国
圣星期五

★4月21日／奥地利·德国
复活节后的周一

5月1日／奥地利·捷克·匈牙利
国际劳动节

5月29日／奥地利·德国
★**基督升天节**

6月8日／奥地利·德国
★**圣灵降临节**

6月9日／奥地利·德国
★**圣灵降临日后的周一**

6月19日／奥地利·德国

▲ 舞蹈大会
（1～3月／维也纳）

▲ 柏林电影节
（2月9～19日／柏林）

▲布拉格之春国际音乐节
（5月12日～6月4日／布拉格）

迈斯特·特伦克历史节
（6月上旬／罗腾堡）

（以上为2014年节日的日期
★每年日期有变动的节日）

▶德国足球甲级联赛（8月上旬～12月上旬、2月上旬～5月中旬）

注意事项

●注意事项 1～2月是最寒冷的季节，在这一时期外出旅游要记得准备厚外套、帽子、毛衣、围巾、手套等御寒衣物。

●季节风景 连日多云，几乎不见太阳。每年的2月下旬是奥地利和德国的折扣季。

●注意事项 步入3月，天气开始回暖，但仍需准备外套和防寒衣物。

●季节风景 旅游淡季，游客稀少。但正因如此，旅程反而不那么拥挤。1～3月维也纳举行舞蹈大会。

●注意事项 4月中旬过后，气温逐渐升高，气候适宜。5月份，鲜花开放，绿树发芽，开始进入旅游旺季。4月中旬至6月下旬是旅游的最佳时期。通常来说，夏季的长度为3月最后一个星期天到10月最后一个星期天。

●季节风景 举办春季音乐节。德国的特色食物白色芦笋开始上市（5月中旬~6月上旬）。

白色芦笋

平均气温（℃）

●布拉格、柏林的气温与维也纳大致相当；布达佩斯的平均气温要高2度。

维也纳最高气温

维也纳最低气温

| | 0.9 | 3.2 | 8.4 | 14.5 | 19.2 | 22.6 |
| | -3.8 | -2.5 | 0.9 | 5.7 | 10.0 | 13.5 |

气温最低。一年中最冷的时期	严寒持续。外出须穿厚外套	中旬左右开始逐渐回暖	万物复苏的季节。中旬开始气温上升	气温最适宜	持续晴天，日照强烈

日出／日落

7:40/16:28	7:01/17:17	6:08/18:00	6:05/19:45	5:15/20:27	4:54/20:57

138

旅行信息

夏	秋	冬
7月	8月	9月	10月	11月	12月

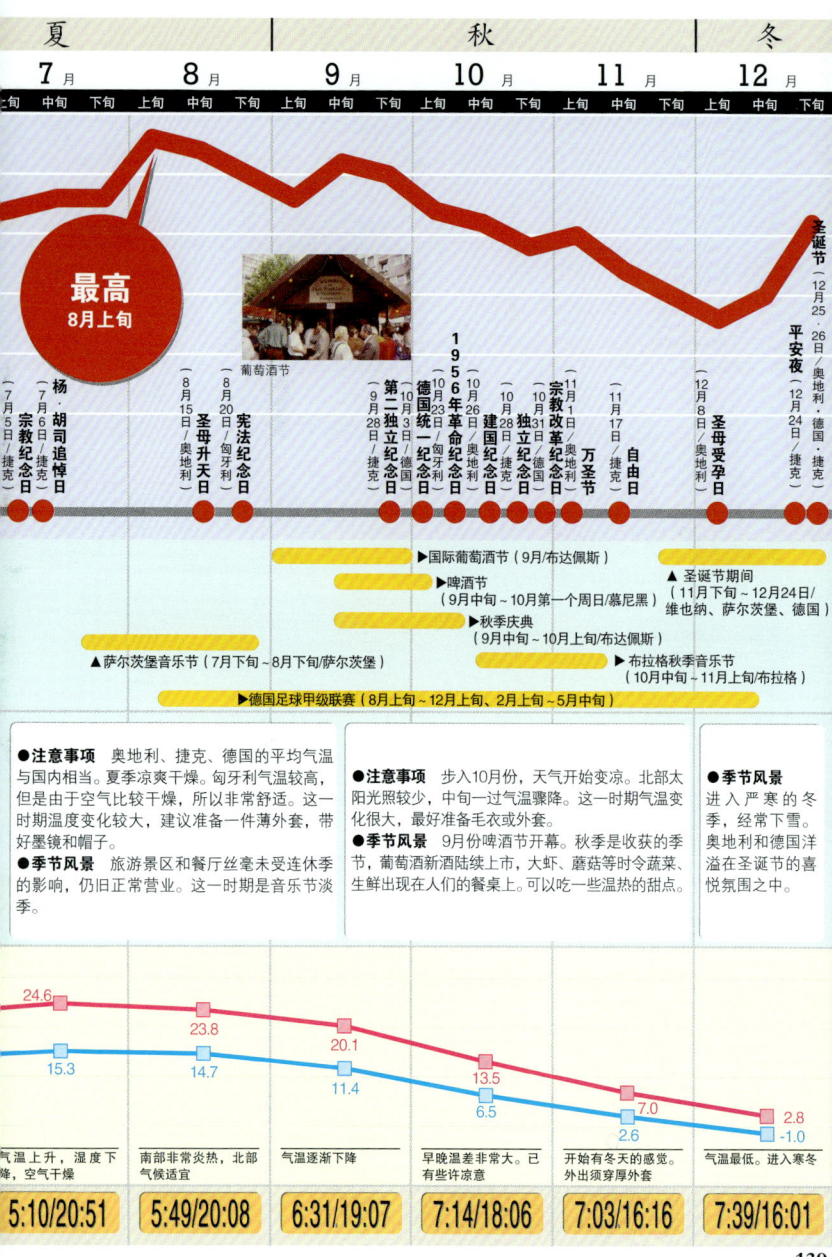

最高
8月上旬

葡萄酒节

圣诞节
（12月25、26日/奥地利、德国、捷克）

平安夜
（12月24日/捷克）

杨·胡司追悼日（7月6日/捷克）
宗教纪念日（7月5日/捷克）

圣母升天日（8月15日/奥地利）
宪法纪念日（8月20日/匈牙利）

第二独立纪念日（9月28日/捷克）
德国统一纪念日（10月3日/德国）
1956年革命纪念日（10月23日/匈牙利）
建国纪念日（10月26日/奥地利）
独立纪念日（10月28日/捷克）
宗教改革纪念日（10月31日/德国）
万圣节（11月1日/奥地利）
自由日（11月17日/捷克）

圣母受孕日（12月8日/奥地利）

▶国际葡萄酒节（9月/布达佩斯）
▶啤酒节（9月中旬～10月第一个周日/慕尼黑）
▶圣诞节期间（11月下旬～12月24日/维也纳、萨尔茨堡、德国）
▶秋季庆典（9月中旬～10月上旬/布达佩斯）
▲萨尔茨堡音乐节（7月下旬～8月下旬/萨尔茨堡）
▶布拉格秋季音乐节（10月中旬～11月上旬/布拉格）
▶德国足球甲级联赛（8月上旬～12月上旬、2月上旬～5月中旬）

●注意事项　奥地利、捷克、德国的平均气温与国内相当。夏季凉爽干燥。匈牙利气温较高，但是由于空气比较干燥，所以非常舒适。这一时期温度变化较大，建议准备一件薄外套，带好墨镜和帽子。
●季节风景　旅游景区和餐厅丝毫未受连休季的影响，仍旧正常营业。这一时期是音乐季淡季。

●注意事项　步入10月份，天气开始变凉。北部太阳光照较少，中旬一过气温骤降。这一时期气温变化很大，最好准备毛衣或外套。
●季节风景　9月份啤酒节开幕。秋季是收获的季节，葡萄酒新酒陆续上市，大虾、蘑菇等时令蔬菜、生鲜出现在人们的餐桌上。可以吃一些温热的甜点。

●季节风景　进入严寒的冬季，经常下雪。奥地利和德国洋溢在圣诞节的喜悦氛围之中。

| 24.6 | 23.8 | 20.1 | 13.5 | 7.0 | 2.8 |
| 15.3 | 14.7 | 11.4 | 6.5 | 2.6 | -1.0 |

气温上升，湿度下降，空气干燥

南部非常炎热，北部气候适宜

气温逐渐下降

早晚温差非常大。已有些许凉意

开始有冬天的感觉。外出须穿厚外套

气温最低。进入寒冬

| 5:10/20:51 | 5:49/20:08 | 6:31/19:07 | 7:14/18:06 | 7:03/16:16 | 7:39/16:01 |

139

◆收集旅行信息◆

为了让旅程变得更加有趣，
一定要在出行之前积极地做准备。
务必要保持良好的精神面貌和身体状况。

◆获取当地旅行信息◆

奥地利政府观光局 www.austria.info	出发前登录该网站查询奥地利旅游信息、酒店信息、演唱会信息等。
维也纳旅游局 www.wien.info	介绍维也纳的方方面面。提供最新的餐厅信息和旅游景点信息。
萨尔茨堡旅游局 www.salzburg.info	网罗萨尔茨堡的各方面信息。
捷克旅游局 www.czechtourism.com	提供布拉格等地区的最新旅游信息。
匈牙利旅游局 www.hungarytabi	提供匈牙利各大城市的旅游信息以及交通、酒店、歌剧院、演唱会等信息。
德国旅游局 www.germany.travel/cn	德国旅游的官方网站，介绍了多元的魅力德国旅游，可以从这里探寻原汁原味的德国。
中国领事服务网 cs.mfa.gov.cn ☎03-5501-8162	网站上关于海外旅行需要注意的事项罗列得非常详细，尤其是安全提醒非常实用。"中国公民在海外"栏目下不仅有护照等证件的办理流程，还有领事保护的联系方式。

◆健康方面的注意事项◆

切忌出发前因忙于准备而导致身体出现疲劳的状况。在出发前，一定要保证作息规律和充足的睡眠。

吸烟的人要谨防久坐血栓症（飞行血栓症。因长时间保持同一姿势导致血液流通不畅引起的血栓）。尽量在出发之前两三周控制吸烟。

如果长期患有某种疾病，务必要在出发前咨询医生并谨遵医嘱。如需每天服药，一定要备好足够的药量。最好是多带一周的药量，以防万一。

海外旅行意外伤害保险和准备材料

如购买海外旅行意外伤害保险，那么在旅途中生病就医、受伤治疗的费用将由保险公司承担。如果未购买海外旅行意外伤害保险，那么上述一切费用将由自己承担。因此，外出旅游时务必要购买保险（p.141）。

另外，建议准备一些常备药物、国内就诊的诊疗说明书等，以备不时之需。

可在国内请相关机构、医院提供英文版或者德文版诊疗书、药剂证明书等，不过该项服务一般都收费的。

海外旅游保险不适用于牙科治疗

旅途中如需看牙医，须自行支付诊疗费用。如果牙齿不舒服，最好在出发前就医。

准备一些常用药

感冒药、止痛药、肠胃药、痢疾药、便秘药、伤口消毒液等。止痛去热片、泻立停务必要携带。晕机、晕车、晕船的人一定要带好晕机药、晕车药和晕船药。

旅行信息

◆旅行必需品◆

护照是最重要的。不要忘记申请签证。
为防止意外发生，
一定要购买海外旅行意外伤害保险。

◆护照◆

入境中欧国家需要保证护照有效期在6个月以上。若有效期不到6个月，为了能让旅行时间更充裕，一定要提前申请更换。

申办护照所需材料
居民身份证原件、复印件
本人户口簿及户口簿首页、本人资料页、变更页
填写完整的护照申请表原件
近期2寸淡蓝色背景的彩色照片
如果是申请更换护照，需要附上原护照
申请事由相关资料
申办费用

备好以上资料后，须亲自至本人户口所在地公安局的出入境管理处办理。如果有因合理紧急事由请求加急办理，公安机关出入境管理机构也会受理的。注意，在申请完毕时，会收到一张标有日期的取证回执单，一定要好好保管，领取护照时会要求出示，也可以采取付费邮寄的方式获取护照。

◆签证◆

签证是对象国发行的入境许可证。通常在护照的签证栏上会盖有印章，这是签证发行的标志。德国因为加入了《申根协定》，所以其签证既有德国国家签证，又有申根签证，其中申根签证又分为旅行、商务等类别。有了申根签证，可以在任何一个申根协议成员国旅行。办理该签证的话，也可以向协议成员国的任何一个国家提出申请。

可以事先比较一下哪个国家比较容易办理申根旅行签证，就向哪个国家申请。不过，各个国家颁发签证所需的材料有所不同，建议提前咨询相关部门。以下以向德国申办申根签证为例说明办理流程。

如果想个人赴德国做短期个人自由旅行，那么可以选择办理个人旅行签证（90日以内）。具体申办事宜可登录德国驻中国大使馆网站（www.china.diplo.de）进行了解，网站详细罗列了申办申根签证和德国长期签证所需的材料、申办流程、签证费用等内容。可通过使馆网站链接 videx.diplo.de，完整地填写电子版申根签证。申请表递交签证可以选择直接向德国驻中国大使馆或总领事馆，也可以选择德国驻中国使领馆签证合作服务商中智签证（de.tlscontact.com）。

另外，目前申请申根签证时须收录个人生物识别信息：10个手指的指纹以及符合生物识别要求的证件照。

申办签证所需材料
①旅行护照（原件+1份复印件）
②户口簿（1份复印件）
③申请表（原件，用中文亲笔签名）
④签证费：60欧元，需折合人民币支付，如果通过服务商中智签证公司递签，需另外支付25欧元服务费，仍以人民币结算。
⑤旅行医疗保险（原件+1份复印件，一般是一份境外旅行医疗保险）
⑥申请人的银行账户对账单（原件）
⑦工作单位/自有企业开具的在职证明（原件）

海外旅行意外伤害保险

海外旅行意外伤害保险是为防止生病、事故以及失窃等突发情况而自愿购买的保险，即使无突发情况，保险金也不会被退回。

在旅行地生病就医的话，费用相当高昂，所以务必要购买保险。保险合同又分为基本合同和特殊合同，保险内容和费用根据旅行时间和合同种类又有所不同。

◆携带物品◆

行李的准备非常重要。
重要物品千万不要拉下，也不要将无关紧要的物品装进行李箱造成不必要的负担。
提前查询天气状况，选择合适的衣物。

◆气候和服装◆

中欧几国气候四季分明，与国内差不多。布达佩斯的平均气温相对较高。维也纳、布拉格、柏林平均气温相对较低。冬季异常寒冷，春、秋两季较短，6～9月是夏季。7、8月的最高气温超过30℃，但由于空气湿度较低，所以感觉并不是很炎热。夏季光照时间长，直到晚上9点左右还依稀有光亮。冬季阴天较多，时常降雪。

关于旅行的着装，最应该值得注意的是7～8月的暑期。由于夏季湿度较低，晚上的温度会猛然降下来，所以建议准备一件薄外套。白天日照强烈，最好携带墨镜和帽子。

◆着装礼仪◆

普通着装

如果不出入高档餐厅、酒店等场所，平日里穿着休闲服就可以了。如果参加特殊场合，可以适当装扮一下，但尽量不要打扮得过于华贵。

去高级餐厅或看戏剧时的着装

到一流餐厅用餐或到有名的歌剧院听歌剧时，务必要身着正装。不能穿得过于随意，不能穿T恤衫、牛仔裤、短裙、背心等服装。

男性的话，建议穿一件衬衣加长裤；夏季的话，可以穿一件短袖衬衣。女性的话，可以穿一件较为正式的连衣裙；如果没有连衣裙，也可以穿衬衣、POLO衫、长裤等较为正式的服装。

外出逛街时的着装

外出逛街时穿的衣服以休闲、舒适为主。但尽量不要穿过于暴露的衣服，如短裤、背心等。到寺院参观时一定不要穿过于随意的服装。很多景点石阶较多，最好穿一双合脚的旅游鞋。

◆行李准备◆

出发时精简行李

出发前不要将行李箱装得太满，以备回国时装礼物或其他物品。各航空公司对于行李的重量有着严格的限制（经济舱限重23kg）。回国时因购买旅游纪念品，行李的重量只会增不会减。因此，去的时候要精简行李，轻装出行。

如何装行李？

将行李装进行李箱时要讲究技巧。为免大衣在行李托运的过程中被挤压弄皱，建议放在行李箱的另外一边较浅侧。

选择"轻便"还是"方便"？

轻便：行李箱中占地方最多的往往是衣服。建议携带实用、防寒的衣物，其他衣物可不携带。最好是携带不容易起皱、便于收纳的衣物。多带一些塑料袋，将穿过的衣物和干净的衣物分开装。

方便：裤子、鞋子和上衣的件数与出游天数相同。每天将换下的衣物装入干净的塑料袋即可。

如果选择"轻便"，那么可以少准备几套衣物，住酒店时将穿脏的衣物当天洗好即可。如果选择"方便"，那么就选择多准备几套衣物，无须清洗。

随身包包

建议选择实用型的背包。外出逛街时不要将其背在身上，要放在身前或抱在胸前。如果背在身后，就给了小偷、强盗可乘之机。不要携带昂贵的名牌包包外出。腰包虽然不好看，但是非常安全、实用。

旅行信息

◆货币兑换◆

有钱却不能花势必会影响心情。
一定要在合适的场所提前兑换好货币。
灵活使用现金，让旅途变得轻松无忧。

◆现金◆

奥地利、德国、斯洛伐克的通用货币是欧元（€），捷克的通用货币是捷克克朗（Kč），匈牙利的通用货币是匈牙利福林币（Ft）。1欧元≈7.75元人民币（2014年4月汇率）。

在国外兑换货币要比在国内兑换货币方便。在国内，仅能兑换纸币，不能够兑换硬币。

在当地的机场、银行、酒店以及街边的货币兑换所都可以换钱。货币兑换所的汇率最好，在机场兑换是最不划算的。抵达机场时，建议仅兑换少量的欧元。兑换货币时需要收取手续费。

兑换货币时应当面点清，确认无误后再离开。

◆信用卡◆

到国外旅游，最好不要携带大量现金，使用信用卡非常方便。可以说只要不是太小的店，无论是购物、饮食还是住宿，几乎可以用信用卡支付所有的消费项目。信用卡支持当地取现，也可以用作身份证明。另外，在德国或者奥地利等国家租赁汽车或是住宿时信用卡还可以当作身份证明文件使用。而且，一旦出现紧急情况的话，信用卡还具有透支功能（不要手续费，但有贷款利息），可以在当地的ATM上直接提取当地货币。 推荐使用VISA（在带有PLUS标志的ATM上可以部分透支）、Master、AMEX（在带有Cirrus标志的ATM上可以部分透支）等国际银行信用卡。

◆国际借记卡◆

如果拥有一张国际借记卡，而且在银行账户中存入足够多的金钱的话，也可以在当地的ATM中取现使用，这样一来就不用携带大量现金，而且也省去了兑换的麻烦，不过此时取现要收取一定的手续费，费用是从账户中直接划走的，汇率依照当地当日的外汇率换算（具体各个银行都不一样，可以事先咨询一下）。另外，如果卡中金额不足的话，可以让国内的家人往账户内存款。而且使用国际借记卡消费时刷卡比较方便。现在有些银行推出了多币种的国际银行借记卡，所以即使身在不同国家，也可以用这种卡从当地银行柜员机或者ATM取款机上提取当地的货币。

◆ATM机的使用方法◆

① 插入银行卡

② Enter PIN　输入密码

③ 选择WITHDRAWAL或CASH ADVANCE，进行取现

④ 选择SAVING ACCOUNT（普通预存金）或CREDIT CARD（现金）

⑤ AMOUNT　选择或输入取现金额

⑥ TAKE CASH　领取现金

⑦ Another Transaction?　出现"还需进行其他业务吗？"提示字样。选择NO

⑧ Take your card and receipt　拿回银行卡和取款明细单

143

◆入境指南◆

国内有直飞维也纳、慕尼黑的航班。
当然，也可以乘飞机抵达欧洲其他城市，再转乘其他航班前往。
奥地利、捷克、匈牙利、德国均无须填写入境卡。

◆抵达机场、办理入境手续◆

①入境检查
非欧洲国家乘客在ALL Passport标志牌下排队等候。向工作人员出示关税申报表和护照，接受入境检查。

②领取行李
领取托运行李。前往与所搭乘航班对应的行李台等候行李出来。注意不要拿错行李。

③过海关
如携带缴税物品，须前往挂有红色牌子的关税办理处办理相关手续。如携带物品属于免税范围内，则无须办理相关手续。

从申根协议成员国入境

在最先抵达的申根协议国接受入境检查。申根协议国包括：奥地利、比利时、丹麦、苏兰、法国、德国、冰岛、意大利、希腊、卢森堡、荷兰、挪威、葡萄牙、西班牙、瑞典、爱沙尼亚、拉脱维亚、立陶宛、波兰、捷克、匈牙利、斯洛伐克、斯洛文尼亚、瑞士、马耳他。

行李遗失怎么办？

没有在行李领取处找到托运行李，请立即前往航空公司服务中心请求工作人员帮助。一般情况下，遗失的行李都会被找到，并在1~2天后送到居住酒店。

现金、贵重物品

入境奥地利、德国不得携带超过1000欧元以上的现金，入境捷克不得携带超过15 000欧元的现金，入境匈牙利不得携带超过1000欧元的现金。如超过，必须要进行登记。

免申报携带物品清单：

香烟：	纸质香烟200根（捷克250根）
香水：	香水50ml（匈牙利100ml）、花露水250ml
酒水：	葡萄酒2L、威士忌1L

◆中欧的主要机场◆

维也纳施韦夏特国际机场

距离维也纳市区约19千米。抵达机场后，可乘坐City Aoeport Train（CAT）、机场巴士、出租车、机场快轨前往市区。乘坐出租车抵达市区仅需30分钟，车费大约为40€。乘坐CAT抵达维也纳中央车站仅需16分钟，单程车票12€、往返车票19€。乘坐机场巴士前往维也纳西站，中途分成去往瑞典广场和国际都市UNO–City两条线路，全程需30分钟左右（抵达国际都市约60分钟），车票为8€。

布拉格鲁济涅机场

距离布拉格市区约20千米。乘坐出租车前往市区约需30分钟，车费为500~700Kč。乘坐机场快轨前往布拉格中央火车站历时约30分钟，车票为50Kč。当地的CEDAZ旅行社提供接送大巴，在共和国广场站停车。

布达佩斯费里海吉国际机场

距离布达佩斯市中心约24千米。乘坐出租车前往市区仅需30分钟，车票为5800~6500Ft。乘坐从机场到市区的循环巴士需要花费较多时间，约50分钟抵达市区，车票为3200Ft。

柏林泰戈尔机场

从机场乘坐出租车前往市区约需25分钟，车费为20€。乘坐TXL机场巴士前往中央火车站约需20分钟。

柏林布兰登堡国际机场

从机场乘坐出租车约需40分钟抵达市区，车费约为40€。乘坐城市大巴约需1小时。

旅行信息

◆中欧4国国内交通◆

奥地利和德国之间有列车道相连。
从捷克前往布达佩斯乘坐火车
或巴士比较方便。

◆奥地利的国内交通◆

飞机

乘坐飞机从维也纳前往萨尔茨堡约需50分钟，每天有3～4趟航班。路途较远的话，飞机显然是最为方便的交通工具。

火车

奥地利国铁ÖBB基本网罗全国各大城市。维也纳—萨尔茨堡—因斯布鲁克路线是最主要的干线，几乎横跨整个奥地利。另外，前往西欧诸国的车次也比较频繁。

火车票分为一等票和二等票。车票有效范围：行驶100千米以内当日有效、101千米以上6日内有效（往返1个月有效）、201千米以上可随时上下车，但须乘务员盖章。列车分为高速、特快、快速三种类型，车票价格统一。上车买票，但收取一定金额的手续费。

巴士

奥地利国铁ÖBB运营的长途汽车Post Bus是最主要的交通工具。车票价格和奥地利火车二等票价格相当。可在长途汽车站购票，也可以上车买票。

◆捷克的国内交通◆

飞机

捷克的航线仅有布拉格—奥斯特拉法一条。

火车

布拉格是火车中心站。捷克国铁ČD行驶范围涵盖全国各城市。

巴士

巴士是捷克最主要的交通工具之一。有时乘坐巴士比火车还要快一些。布拉格最主要的长途汽车站是弗洛伦莎长途汽车站。可在汽车站购买车票，也可以上车买票。

◆匈牙利的国内交通◆

火车

匈牙利国铁MÁV-Start是最主要的列车运营商。匈牙利的火车线路以布达佩斯为中心，呈放射状向四周延伸。列车分为特快IC、快速Gyors和普通Személy三种。乘坐特快IC列车前往埃斯泰尔戈姆约需1小时45分钟。最主要的火车站是火车西站。

巴士

各地区有不同的巴士公司，巴士路线、车票价格均不统一。与火车比起来，巴士车次较少，乘坐也较为不便。在巴士站服务窗口购买车票。

◆德国的国内交通◆

飞机

各大航线以法兰克福、柏林、慕尼黑为中心，基本可抵达德国所有城市。

火车

德国最便利的交通工具就是火车。德国铁路公司（DB）是最大的运营商。新干线ICE最高时速可达300千米。除此之外，还有IC、IRE等不同类型的列车。德国火车车票分为一等票和二等票两种。一等票的价格是二等票价格的1.5倍。sparpreise车票在乘车三天前购买会打折。另外，周末购票也会有一定折扣。

巴士

柏林的Berlin Linien Bus公司和民营公司Deutsche Touring所运行的路线连接着德国各大城市。始发站被简称为"ZO"，一般位于郊外。

145

◆中欧4国之间的交通◆

可以将维也纳作为据点城市，前往奥地利、捷克、
匈牙利、德国这4个国家旅行。
在中世纪修建的道路上，列车、巴士交错穿行，非常有趣。

◆飞机◆

乘飞机前往各大城市

从国内可乘坐直达航班前往维也纳和慕尼黑。如果最先抵达德国的话，可以在法兰克福换乘航班前往其他城市。如果最先抵达欧洲其他国家，可以乘坐换乘航班前往。这4个国家之间交通便利，相互之间乘坐飞机仅需一到两个小时即可抵达。

购买机票

可在国内旅行社购买飞往这4个国家的直达航班或换乘航班的机票。在当地的航空公司或旅行社也可以预订到机票。

航　路	所需时间
维也纳←→布拉格	约1小时
维也纳←→布达佩斯	约50分钟
维也纳←→柏林	约1小时15分钟
维也纳←→慕尼黑	约1小时5分钟
布拉格←→慕尼黑	约1小时30分钟
布拉格←→布达佩斯	约1小时
布拉格←→柏林	约1小时
布达佩斯←→柏林	约2小时

◆火车◆

乘坐火车前往各大城市

德国的铁路系统非常发达，可在柏林乘坐国际列车前往维也纳、萨尔茨堡、布拉格、布达佩斯等主要城市。德国铁路公司（DB）是最大的运营商。新干线ICE最高时速可达300公里。除此之外，还有IC、IRE等不同类型的列车。

列车的种类

奥地利联邦新高速列车Railjet

Railjet列车是奥地利联邦的新高速列车，时速为230千米。车厢内部现代化设施十分齐全。行驶路线：布达佩斯—维也纳—慕尼黑。

ICE城际快铁（Inter City Express）

德国列车ICE

由德国发车，前往奥地利、瑞士的快速国际列车。可直达维也纳。车厢空间宽敞，座椅舒适。乘车过程中可以欣赏窗外迷人的景色。

EC欧洲国际快车

连接西欧各大主要城市的国际特快列车。行驶区间：柏林—布拉格—布达佩斯，维也纳—布达佩斯。车辆配备最新设备，力图给乘客提供最优质的服务。维也纳—萨尔茨堡—慕尼黑区间的列车被人们亲切地称为"莫扎特列车"。

EN欧洲夜间列车（Euronight）

欧洲夜间列车。提供卧铺。

乘坐火车入境时需办理的手续

列车行驶至国境，国境检查官会上车检查证件。一般情况下，乘客出示护照和海关申报表即可。以上4个国家均为申根协议国，相互之间无须重复接受检查。

◆巴士◆

各国、各地区有不同的巴士公司，巴士路线、车票价格均不统一。与火车比起来，巴士车次较少，乘坐也较为不便。在巴士站服务窗口购买车票。

Euro Line

连接欧洲19个国家、39座城市的巴士线路。巴士票分为15日票和30日票两种。维也纳—布拉格历时5小时，维也纳—布达佩斯历时3小时45分钟，布拉格—布达佩斯历时8小时，柏林—布拉格历时约5小时。

旅行信息

◆奥地利实用信息◆

每个国家都有着不一样的风土人情、风俗习惯。
到奥地利旅游，有许多需要注意的事情。
为了让旅程更加愉快，我们一起来深入了解一下奥地利。

◆拨打国际长途◆

从酒店打电话

在酒店拨打电话需要先拨打外线号码，再拨号。除了通话费之外，还要收取手续费。拨打国际长途电话时要事先确认手续费。

以拨打北京电话010-1234-5678为例：

00 － 86 － 010 － 1234 5678

国际冠码｜中国代码｜北京区号｜电话号码

※如果手机有国际漫游的话，可以直接拨号。拨打固定电话时要按00。

根据语音提示拨打电话

根据语音提示拨打电话时，可以用信用卡或者电话公司专用的充值卡支付。虽然可以使用对方付费的电话，但公用电话是不能用的。

通过话务员打电话

因为使用了话务员，所以要选择费用支付的方法，可以使用信用卡支付，或者选择接听电话方支付（对方必须要知道）。

公共电话的种类

奥地利的公共电话分为投币式和磁卡式两种。投币拨打电话最低收费0.3欧元，可使用0.1、0.2、1、2欧元的硬币，不找零。电话卡需要提前购买，可在邮局、报刊亭、电话亭等处购买。部分公共电话可使用信用卡拨打。

不花现金直拨电话

使用公共电话或者是在宾馆里可以选择这种方式。打电话的费用直接从信用卡上扣，所以不用担心要准备零钱，也不用担心走时电话卡里还有余额等问题。有一部分公共电话使用时必须先插入意大利

的电话卡，但是不用担心，里面的余额不会变少的。

打电话的省钱小窍门

用诸如skype等网络软件可以拨打国际长途，而且费用很低，不过有时因为信号问题，通话质量较差。

◆邮政·快递◆

明信片、信件

从奥地利往中国邮寄明信片、信件统一收费1.7欧元（总重20g以内。超过20g、且小于50g收费2.1欧元）。可在邮局（Post/Postamt）、报刊亭（Tabak）、电话亭等处购买明信片。选择"CHINA""AIR MAIL或PRIORITY"（航空件）的邮票贴在信封上，投入街边的有圆号图标标记的黄色邮箱即可。

小型包裹·国际快递

小型包裹寄往中国约需两个月的时间（船运）。SAL采用船运和空运相结合的方式，相比单纯的船运方式要节省不少时间，并且价格比空运要便宜不少。在当地邮局可直接办理小型包裹邮寄手续。在奥地利旅游时购买了不少东西，不便携带的话可以发国际快递邮寄回国。国际快递收费较高。

邮寄时的注意事项

邮寄物品（在国外使用国际快递寄回中国的物品）的收件人必须在国内，包裹外包装上必须注明邮寄物品（Unaccompanied Baggage）的名称。部分纪念品商店提供邮寄服务，工作人员会代为邮寄。

回国时，向海关提交两张携带物品及邮寄物品申请表。盖章后拿回一张，务必要保管好。

147

维也纳格拉本大街的地下厕所

维也纳的宫殿酒店

邮寄物品抵达国内后，快递公司会通知收件人取件。如不慎丢失申请表、外包装没有注明或忘记提出申请，该邮寄物品将会被当作一般货物处理，需要支付一定的税金。

◆ 上网 ◆

Wi-Fi

奥地利大部分酒店、餐厅都会提供免费Wi-Fi。如需输入密码，请询问酒店工作人员或餐厅服务员。

◆ 洗手间 ◆

洗手间　toilette
女厕所　Damen（Frauen）
男厕所　Herren（Manner）

在各大主要车站和地铁站内都设有厕所。公共厕所以及酒店、咖啡厅的厕所是收费的，需要支付0.2~0.5欧元的小费。

◆ 水 ◆

自来水可直接饮用

虽然自来水是可以直接饮用的，但自来水含有石灰质，肠胃不好的人最好不要饮用，建议饮用矿泉水（500ml售价0.42欧元）。超市里面出售的大都是碳酸饮料。非碳酸饮料为Mineral-wasser ohne Gas。

◆ 电压 ◆

奥地利的电压为230V、频率50Hz。电源插座多为圆形两孔型。

虽然不需要转换插头，但是为了保险起见，还是准备一个比较好。

◆ 时差 ◆

奥地利时间比北京时间慢7个小时。北京时间减去7个小时就是奥地利的时间。夏令时（3月份最后一个周日~10月份最后一个周日）比北京慢6个小时。

◆ 小费 ◆

在餐厅、咖啡厅要支付消费总金额5%~10%的小费（找零可直接当作小费）。如果账单中包含服务费，那么只需支付1欧元的小费即可。

乘坐出租车　　支付打车费5%左右的小费
剧院看戏　　　0.5欧元左右
侍应生　　　　1欧元
客房清洁员　　1欧元
门童　　　　　1欧元
服务员　　　　无须给小费

※如有特别需要，应给服务生1~2欧元的小费

国内没有给小费的习惯。但是，在奥地利，如果感受到了不错的服务，应该留下小费以示感谢。如果对服务感到不满意，也可以不给小费。

◆ 教堂 ◆

教堂是神圣的地方。在教堂参观时不宜大声喧哗，应遵守教堂礼仪。

◆ 美术馆·博物馆 ◆

在美术馆、博物馆参观时要得到允许后方可拍照。拍照时禁止开闪光灯。

听歌剧和演唱会时的着装请参考p.142。

◆ 吸烟 ◆

全民禁烟是大势所趋。国外的大街上，抽烟、抽雪茄的人已经越来越少了。如果非要抽烟，也要遵守当地的规矩。有的地方会标有禁烟标志。就算在没有禁烟标志的地方吸烟，也要征得周围人的同意。在大街上吸烟时，不要将烟灰弹到地上，最好随身带一个烟灰盒。千万不能在标有禁烟标志的地方吸烟。

◆捷克实用信息◆

捷克虽然是欧盟国家，但是国内通用货币是捷克克朗。
酒店或大型商店如果标有欧元标志，
则表明可以使用欧元支付。

◆货币和兑换◆

货币单位和种类

捷克的通用货币是捷克克朗。纸币有5000、2000、1000、500、200、100、50克朗7种。硬币有50、20、10、5、2、1克朗6种。1克朗约为0.25元人民币。

兑换货币

机场、邮局、货币兑换所、酒店等场所均可以兑换货币。街道两侧通常也会有自动货币兑换机。各个银行和货币兑换所的汇率不太一样，有时还会收取高额的手续费，建议兑换之前做好功课。银行的手续费为1.5%~5%，酒店的手续费约为8%，货币兑换所的手续费为0~10%。回国前，可将花剩下的克朗换成人民币。

◆邮政·快递◆

明信片·信件

从捷克往中国邮寄明信片、信件收费为21克朗（总重20g以内）。在邮局和报刊亭可以买到邮票。

小型包裹

航空件限重30kg以内。书籍类包裹限重30kg以内。书籍类包裹除了书籍之外，不得混入衣物等其他物品。

其他物品 参照 p.147

邮局

营业时间为周一~周五8:00~18:00，周六、周日休息。中央邮局营业时间为2:00~24:00，全年不休息。

◆厕所◆

捷克的厕所叫作Toalety。女厕所通常用Z（ženy、damy）表示，男厕所用yogaM（muži、pani）表示。火车站、地铁站、旅游景区内都有公厕，但都是收费的。每次收费5~20克朗，建议随身携带零钱。餐厅内的厕所也是收费的。

◆水◆

布拉格的自来水可直接用来做饭或当作生活用水，但不建议直接饮用。可以到超市、报刊亭、小商店购买矿泉水饮用。布拉格超市里的水大都是碳酸饮料，也有不含碳酸的纯净水。

◆电压◆

电压：230V、50Hz。
电源：插孔为圆形两孔。

◆时差◆

捷克时间要比北京时间晚7个小时。北京时间减去7个小时就是捷克的时间。夏令时期间指的是3月份最后一个周日~10月份最后一个周日，这一时期，捷克时间要比北京时间晚6个小时。

◆小费◆

在餐厅、咖啡厅用餐需支付5%~10%的小费。乘坐出租车支付车费10%的小费，在酒店住宿要留下20克朗当作小费。

◆斯洛伐克实用信息◆

◆货币和兑换◆

斯洛伐克是欧盟国，通用货币是欧元。可在银行、大型酒店、货币兑换所兑换货币。在银行兑换汇率最合适。货币兑换所营业时间较长，非常方便。兑换时需支付手续费。

◆邮政◆

往国内邮寄明信片或信件（50g以内）需支付邮费1.2€。

匈牙利实用信息

匈牙利虽然是欧盟国，
但是通用货币是福林币。
在酒店等场所可以使用欧元。

◆ 货币和兑换 ◆

货币单位和种类

匈牙利的通用货币是福林币（Ft）。纸币有500、1000、2000、5000、10000、20000福林6种面额。硬币有5、10、20、50、100、200福林6种。1元人民币兑换约43福林。

兑换

可在银行、车站、市区内的货币兑换所或酒店等场所兑换货币。一般来说，银行的汇率比货币兑换所要略低一些。有的兑换处还会收取一定金额的手续费，建议提前咨询一下。兑换货币时，要出示护照。旅程结束后，可在机场等地将剩下的福林币换成人民币。另外，市区的主要银行内还设有自动货币兑换机，在银行关门期间可在此自行兑换。

◆ 拨打国际电话 ◆

请参考 p.147。

◆ 邮政·快递 ◆

明信片·信件

从布达佩斯寄往中国的信件收费标准为：明信片270Ft、信件340Ft（20g以内）。邮票可在邮局或报刊亭购买。

小型包裹·国际快递

邮寄小型包裹（kiscsomag）、书籍类（könyv）可到邮局办理手续。由于语言不通，在办理过程中可能会遇到一些麻烦。如果邮寄航空件，则加收手续费。在大型酒店的前台也可以办理邮寄手续。

其他物品   参考 p.147

中央邮局营业时间为周一~周五的8:00~20:00，周六的10:00~16:00，周日休息。

◆ 厕所 ◆

匈牙利的厕所写作mosdó，女厕所是nők或női，男厕所是férfi。公共厕所是收费的（50Ft起）。在餐厅、酒店上厕所也要给小费（100Ft）。

◆ 水 ◆

匈牙利自来水管道里的水可直接饮用。超市里售卖的瓶装水大部分是碳酸饮料Szódavíz或víz。

◆ 电压 ◆

电压：230V、50Hz
电源：插孔为圆形两孔。

◆ 时差 ◆

匈牙利时间比北京时间晚7个小时。北京时间减去7个小时就是匈牙利当地的时间。夏令时期间（3月份最后一个周日~10月份最后一个周日），匈牙利时间比北京时间晚6个小时。

◆ 小费 ◆

在餐厅用餐需要支付餐费10%左右的小费。有时小费会包含在账单内，请务必仔细核对账单金额。乘坐出租车也要支付打车费10%左右的小费，如果携带大件行李的话，需要多给一点小费。在酒店住宿时，要留给服务生、行李搬运工100~200Ft当作小费。在酒店住宿要留给清洁员100Ft的小费，放在枕头下面即可。

在咖啡厅上厕所也需要支付小费

旅行信息

◆德国实用信息◆

德国非常注重垃圾的回收利用，生活垃圾的分类非常细。
街边的垃圾箱清楚地标明了纸类垃圾、
玻璃垃圾等不同种类垃圾的丢弃处。

◆货币和兑换◆

货币的种类

德国是欧盟国家，欧元是通用货币（p.4）。2014年4月欧元汇率为：1欧元≈7.8欧元。

兑换方法

在银行、货币兑换所、邮局、酒店前台都可以兑换货币。银行、兑换所的汇率比较好。兑换时，先确认汇率和手续费，无误后再进行兑换。大城市有24小时营业的ATM和自动兑换机，均可自行兑换。

◆拨打国际电话◆

从德国打电话到中国

从德国打电话回中国的时候，首先拨打德国的国际字冠00，再拨打中国的国家代码86，然后拨打区域号码（去0），以及对方的电话号码。

从中国打电话到德国

德国的国家代码为49，柏林的区号为030，法兰克福的区号为069，慕尼黑的区号为089。从中国打电话到德国，首先拨打中国的国际字冠00，再拨打德国的国家代码49，然后拨打区域号码（去0），以及对方的电话号码。

◆邮政·快递◆

明信片·信件

在德国往国内寄明信片收费€0.75，信件20g以内收取€0.75邮费，50g以内收取€1.5邮费。可在邮局、自动售票机处购买邮票。

包裹

德国的包裹分两类：限重2kg的小件包裹Päckchen（邮费€15.9）和限重20kg的大件包裹Postpaket。航空件提供专用套装（包括绳子、盒子）Pluspäckchen，打包费加邮费价格为€26.5。

其他物品　　　参照 p.147。

邮局的营业时间为周一～周五的8:00～18:00，周六的9:00～12:00。周日、节假日休息。大都市火车站和机场内的邮局全年不休息，营业至深夜。

◆厕所◆

厕所用Toilette表示。女厕所是Damen、男厕所是Herren。各火车站和地铁站内均有厕所。公共厕所、酒店内的厕所都是收费的。到咖啡厅上厕所需要给服务员0.5～2欧元的小费。美术馆、博物馆、餐厅的厕所免费使用。

◆水◆

德国的矿泉水（500ml售价€0.42～）通常含有碳酸。不含碳酸的矿泉水叫作Mineralwasser ohne Gas。

◆电压◆

电压：230V、50Hz。
电源：圆形两孔型。

◆时差◆

中国时间与德国时间相差7个小时。中国的时间减去7小时就是德国的时间。在夏令时期间，中国与德国的时差变为6个小时。夏令时从每年3月的最后一个周日开始，至10月最后一个周日结束。

◆小费◆

在餐厅用餐须留下总餐费的5%～10%作小费。可以将找零作为小费。刷卡时可以一并将小费包含在内。在自助餐厅用餐无须支付小费。

德国非常注重垃圾回收。垃圾箱标示得很清楚

151

◆旅行安全管理◆

中欧的治安并不算差。但是，许多小偷、
窃贼专门以外国游客为目标进行作案。近年来，
几大城市中治安事件屡屡发生。在国外旅游，一定要谨言慎行。

◆突发状况的预防◆

住酒店时多加留意

在酒店住宿时，护照、现金和其他贵重物品一定要锁入保险箱。外出时，要将旅行箱上锁。数码相机、笔记本电脑、首饰等贵重物品务必要多加留意。在酒店大厅滞留时，一定要将行李箱放在触手可及的地方。

逛街时多加留意

繁华的大街、人来人往的机场和车站最容易发生盗抢案件，要时刻提高警惕。如果有陌生人过来要钱或索取其他东西，一定要当场严词拒绝。

突发状况实例

案例1（遭遇小偷）

游客在乘坐地铁时，被身边四五个人团团围住动弹不得。在推搡拥挤中，钱包不翼而飞。在布拉格，这样的事件时有发生。

案例2（遭遇诈骗）

几名陌生人和一个拿着地图、一副游客打扮的人攀谈，突然有两名自称是便衣警察的人出现，以怀疑携带毒品的借口将他们带到隐蔽处搜身检查。在搜身过程中，护照、钱包全部被强行夺走。像这种伪装警察进行诈骗的案件，在布拉格、维也纳、布达佩斯并不罕见。如果遇到上述情形，一定要第一时间联系大使馆和警察局。

◆突发状况的应对方法◆

遇到偷盗、抢劫事故时

护照、现金被盗后，一定要第一时间报警，并前往警察局开具护照遗失证明。丢掉现金是小事，护照不见会非常麻烦。

如果不慎丢失护照，可联系大使馆进行补办。补办时需要身份证和两张免冠照片。

信用卡被盗后，要立即致电信用卡发卡银行进行挂失，以防信用卡被不法分子盗用。

紧急联络方式

奥地利
警察局133
救护车144
消防车122
中国驻奥地利大使馆 431-7103648

捷克
警察局158
救护车155
消防车150
紧急呼救SOS
中国驻捷克大使馆 420-233028898

斯洛伐克
警察局158
救护车155
消防车150
中国驻斯洛伐克大使馆 421-2-62804283

匈牙利
警察局107
救护车104
中国驻匈牙利大使馆 36-1-4132401

德国
警察局110
救护车、消防车112
中国驻德国大使馆 49-30-275880
中国驻慕尼黑总领馆 49-89-17301618
中国驻法兰克福总领馆 49-69-75085543
中国驻汉堡总领馆 49-40-82276018

旅行信息

◆旅行健康管理◆

旅途中，一旦感到身体不适，要立即告知导游或陪同人员。
中欧地区早晚温差非常大，
要注意气温骤变带来的身体不适。

◆注意身体健康、预防疾患◆

注意饮食

旅途中一定要保证充足的休息和睡眠。到国外旅游，需要注意的地方还有很多。比如说，食量，奥地利、捷克、匈牙利的菜量通常较大，到餐厅点餐时要注意。

水土不服或食用过于辛辣的食物，通常会导致肠胃病。如果感到胃部不适，可以喝一些粥或及时吃药。葡萄酒和啤酒尽量少喝。

注意温差

注意空调温度。在冬天，酒店、餐厅一般都会开暖风。室内和室外温差很大，很容易感冒。不要轻易脱下厚衣服。

注意防晒

夏天务必要注意防晒。户外观光时，建议准备好帽子、墨镜、防晒霜等防晒物品，以防中暑。同时要随时补充水分。

◆留意不同国家的医疗情况◆

奥地利的医疗情况

奥地利的医疗条件不错，只要不是在偏远的郊区或农村，一般都能得到很好的救治。如果是小毛病，可以到就近的门诊看病。如果遇到突发紧急情况，可以呼叫救护车送至医院就诊。各大医院的诊疗费、挂号费不尽相同。

德国的医疗情况

与国内不同，在德国就医时，针对同样的病症，不同的医院或者医生收费会有很大差异。此外，住院以及手术时需要支付惊人的费用。因此，事先加入出境旅游伤害保险十分必要。另外，德国设有家庭医生制度，一般不会直接去综合医院进行初诊。各科门诊都需事先预约，旅行者就医时常常被当作急诊病患送往医院。如果旅行者患有重病、为药物过敏体质或者自身带有常用药，出发之前在国内应当从医生那里取得用英文或者德文书写的诊断书。如果没有诊断书或者是没有加入医疗保险，最坏的结果是医院拒绝医治。此外，德国采取的是医、药分开制度，所以在拿到医生的处方之后，应当到附近的药店购买所需药品。药店夜间采取值班制度，这时要去药店请选择出租车出行。

在当地购买药物

在奥地利、捷克、匈牙利和德国，开在街边的诊所有很多。在德国，买药必须要有医生的处方。在奥地利、捷克、匈牙利的药店仅能买到感冒药、肠胃药、止疼片、维生素等常规药。像抗生素、消炎药剂等药品需要医生开具处方才能买到。请按照说明书或医嘱服药。

求医问诊

如果想看医生，可以向酒店工作人员寻求帮助，请他们帮忙叫救护车或带至就近诊所。如果购买了海外旅游保险，可以拨打保险公司电话求助。

重症

心肌梗死、脑中风等重疾突发或交通事故发生时，要马上拨打急救电话（奥地利急救电话144、捷克急救电话155、匈牙利急救电话104、德国急救电话112），等待救援。也可以向当地人求助。就诊时不要忘记携带护照。奥地利和德国的救护车是收费的。

153

旅行会话 德语 +英语

下面教给大家一些简单的日常用语。加粗字母为重音音节（加强语调）。

打招呼

早上好
Guten Morgen.
=Good morning.

你好
Guten Tag.
=Hello.

再见
Auf Wiedersehen.
=Good-bye.

是的/不是
Ja./Nein.
=Yes./No.

谢谢
Danke.
=Thank you.

对不起
Entschuldigung.
=Excuse me.

用餐

请给我看一下菜单。
Die Speisekarte bitte.
=May I have a menu, please?

有什么推荐菜品吗?
Was empfehlen Sie?
=What do you recommend?

结账。
Die Rechnung bitte.
=Check (Bill), please.

非常好吃。
Das war ein tolles Essen.
=It was very delicious.

购物

我看一下。
Danke, ich sehe mich nur um.
=I'm just looking.

我再看下别的。
Können Sie mir bitte das zeigen?
=Please show me this.

可以试试吗?
Kann ich das anprobieren?
=May I try this on?

稍微有点大（小）。
Das ist zu groß (klein).
=This is too big (small).

紧急情况

救救我!
Hilfe!
=Help me!

小偷!
Haltet den Dieb!
=Robber! Catch him!

请叫医生（救护车）来!
Bitte rufen Sie einen Arzt.
=Please call a doctor.

我迷路了。
Ich habe mich verlaufen.
=I'm lost.

我不会说德语。
Ich spreche kein Deutsch.
=I can't speak German.

数字

●1 **eins** =one	●2 **zwei** =two	●3 **drei** =three	●4 **vier** =four	●5 **fünf** =five
●6 **sechs** =six	●7 **sieben** =seven	●8 **acht** =eight	●9 **neun** =nine	●10 **zehn** =ten

旅行信息

常用短语+单词

~在哪里？

Wo ist ~? = Where is ~?

●洗手间	●免税店
die Toilette	**der Duty-free-Shop**
=the rest room	=the duty-free shop
●入口	●超市
der Eingang	**der Souvenirladen**
=the entrance	=the souvenir shop
●出口	●货币兑换所
der Ausgang	**die Wechselstube**
=the exit	=the currency exchange

请送我到~。

Zum ~, bitte. = To ~, please.

●酒店	●博物馆
Hotel	**Museum**
=the hotel	=the museum
●餐厅	●教堂
Restaurant	**Dom**
=the restaurant	=the cathedral
●市场	●城堡
Markt	**Schloss**
=the market	=the castle

有~吗？

Haben Sie ~? = Do you have ~?

●包	●鞋
Taschen	**Schuhen**
=a bag	=shoes
●耳环	●戒指
Ohringe	**Ring**
=earrings	=a ring
●帽子	●口红
Hut	**Lippenstifte**
=a hat	=lipstick
●旅游地图	
Stadtpläne für Touristen	
=a sightseeing map	

请给我~

Ich möchte ~? = Can I have ~?

●这个	●那个
dies	**jenes**
=this	=that
●面包	●香肠
ein Brot	**eine Wurst**
=bread	=sausage
●咖啡	●啤酒
einen Kaffee	**ein Bier**
=coffee	=beer
●葡萄酒	●收据/发票
einen Hauswein	**die Quittung**
=a house wine	=a receipt

◆德语和中欧地区的语言◆

德语是德国和奥地利的通用语言。不同地区的人讲的德语在语音和语义上略有不同。

外国游客在匈牙利、奥地利、捷克的酒店、餐厅、大型购物中心均可以用德语跟当地人交流。有时也可以用捷克语或匈牙利语进行交流。

●**你好。**（捷克语/匈牙利语）
Dobrý den./Jó napot kívánok.

●**谢谢。**（捷克语/匈牙利语）
Děkuji./Köszönöm.

155

索引

奥地利

观光

阿尔贝蒂娜博物馆（维也纳）……34
阿格斯泰恩城堡（维也纳）……53
奥古斯丁教堂（维也纳）……34
巴德伊舍（萨尔茨堡）……59
博物馆区（维也纳）……36
城堡花园（维也纳）……34
大教堂（萨尔茨堡）……56
帝国珍宝殿（维也纳）……33
杜伦斯坦（维也纳）……53
感恩教堂（沃蒂夫教堂）
（维也纳）……36
格拉本大街（维也纳）……30
格瑞金小镇（维也纳）……42
宫廷银器展览馆（维也纳）……33
国会大厦（维也纳）……35
国家图书馆（维也纳）……34
哈尔施塔特（萨尔茨堡）……59
海利根施塔特（维也纳）……42
环城大道外侧（维也纳）……38
环城大道周边（维也纳）……35
皇帝的住所／茜茜公主博物馆
（维也纳）……32
皇宫墓穴纳骨堂（维也纳）……31
霍夫堡宫（维也纳）……32
霍亨萨尔茨堡（萨尔茨堡）……58
节庆大剧院（萨尔茨堡）……56
卡伦山（维也纳）……42
克恩滕大街（维也纳）……30
克雷姆斯（维也纳）……53
莱奥波尔兹克罗恩宫（萨尔茨堡）……58
老城区和新城区（萨尔茨堡）……56
粮食街（萨尔茨堡）……57
列支敦士登博物馆（维也纳）……36
梅尔克（维也纳）……52
梅尔克修道院（维也纳）……52
美景宫（维也纳）……36
美陵堡（维也纳）……52
美泉宫（维也纳）……38
蒙德塞（萨尔茨堡）……59
米拉贝尔宫殿和庭院（萨尔茨堡）58
莫扎特故居（萨尔茨堡）……57
莫扎特故居（维也纳）……31
莫扎特广场（萨尔茨堡）……56
莫扎特之家（萨尔茨堡）……58
纳旭市场（维也纳）……39
农贝格女修道院（萨尔茨堡）……58
普特讲游乐场（维也纳）……39
萨尔茨卡默古特地区（萨尔茨堡）59
圣·吉尔根（萨尔茨堡）……59
圣彼得教堂（萨尔茨堡）……59
圣斯蒂芬大教堂（维也纳）……30
圣斯蒂芬广场周边（维也纳）……30

圣沃尔夫冈（萨尔茨堡）……59
市立公园（维也纳）……36
市政厅（维也纳）……35
斯皮茨（维也纳）……53
提线木偶剧场（萨尔茨堡）……57
瓦豪河谷（维也纳）……52
王宫礼拜堂（维也纳）……33
维伦多夫（维也纳）……53
维也纳国家歌剧院（大歌剧院）
（维也纳）……31
维也纳卡尔广场博物馆
（维也纳）……36
维也纳森林（维也纳）……42
维也纳艺术博物馆（维也纳）……35
西班牙骑术学校（维也纳）……33
洗马池（萨尔茨堡）……57
新王宫（维也纳）……34
音乐之家（维也纳）……31
造型艺术美术馆（维也纳）……36
中央公墓（维也纳）……39
主教宫（萨尔茨堡）……56
自然博物馆（维也纳）……35

美食

阿尔特·萨尔茨堡（萨尔茨堡）……60
埃斯特拉赫·伊姆·马克餐厅
（维也纳）……44
爱斯特哈泽葡萄酒窖（维也纳）……46
奥芬洛赫餐厅（维也纳）……45
奥古斯丁葡萄酒庄（维也纳）……46
布里斯特尔餐厅（维也纳）……44
茨姆·奥伦西皮格尔
（萨尔茨堡）……60
德梅尔咖啡馆（维也纳）……47
梵迪戈餐厅（维也纳）……44
菲格尔米勒餐厅（维也纳）……45
福尔斯特咖啡馆（萨尔茨堡）……60
基格酒窖（维也纳）……46
兰多曼咖啡厅（维也纳）……47
雷恩培拉斯美食屋（维也纳）……45
罗森伯格市场餐厅（维也纳）……46
铭锡盘 32（萨尔茨堡）……60
莫扎特咖啡厅（维也纳）……47
穆勒餐厅（维也纳）……45
普拉赫塔餐厅（维也纳）……44
斯太雷雷科餐厅（维也纳）……44
斯提格尔·布罗伊（萨尔茨堡）……60
汤姆赛里咖啡馆（萨尔茨堡）……60
天满屋餐厅（维也纳）……46
维尔特炸猪排餐厅（维也纳）……45
维也纳萨赫咖啡厅（维也纳）……47
植物园啤酒屋（维也纳）……46
中央咖啡馆（维也纳）……47
祖玛·维森·拉赫凡·戈凯勒餐厅
（维也纳）……45

购物

阿尔卡迪亚（维也纳）……49
阿尔特曼（维也纳）……49
奥地利工坊（维也纳）……49
奥格腾（维也纳）……48
费威尔工艺品店（维也纳）……48
海依玛特维克·萨尔茨堡
（萨尔茨堡）……61
华兹商铺（维也纳）……49
科雪（维也纳）……48
罗贝麦尔商店（维也纳）……48
玛利亚·肖特兰斯基商店
（维也纳）……48
萨尔茨堡海盐店（萨尔茨堡）……61
萨尔茨堡圣诞商品店（萨尔茨堡）61
施华洛世奇（维也纳）……48
肖克拉德巧克力店（维也纳）……49

住宿

阿克泰尔文贝格尔酒店（维也纳）51
奥地利阿纳纳斯时尚酒店
（维也纳）……51
奥地利酒店（维也纳）……50
贝尔维尤酒店（维也纳）……51
法国大酒店（维也纳）……51
戈登纳尔·希尔酒店（萨尔茨堡）……61
宫廷酒店（维也纳）……50
国宾酒店（维也纳）……50
库默尔酒店（维也纳）……51
雷吉纳酒店（维也纳）……51
美泉宫公园酒店（维也纳）……51
萨尔茨堡布利斯通酒店
（萨尔茨堡）……61
萨尔茨堡拉蒂森布鲁酒店
（萨尔茨堡）……61
萨尔茨堡欧洲大酒店
（萨尔茨堡）……61
萨尔茨堡萨赫酒店（萨尔茨堡）……61
萨尔茨堡喜来登大酒店
（萨尔茨堡）……61
索菲特维也纳史蒂芬斯顿大酒店
（维也纳）……50
维也纳艾美酒店（维也纳）……50
维也纳布里斯特尔酒店
（维也纳）……50
维也纳帝国酒店（维也纳）……50
维也纳格兰德大酒店（维也纳）……50
维也纳丽思卡尔顿大酒店
（维也纳）……50
维也纳欧洲大酒店（维也纳）……50
维也纳萨赫大酒店（维也纳）……50
维也纳万豪酒店（维也纳）……51

维也纳希尔顿广场大酒店
（维也纳）···········51
维也纳洲际大酒店（维也纳）······51
希尔顿维也纳多瑙河海滨酒店
（维也纳）···········51
一号汽车旅馆（维也纳）······51

捷克

观光

埃贡·席勒文化中心
（捷克克鲁姆洛夫）··········87
布拉格城堡（布拉格）······74
布拉格城堡区（布拉格）······74
查理大桥（布拉格）······72
查理大桥周边（布拉格）······72
城邦剧院（布拉格）······71
德沃夏克纪念馆（布拉格）······77
弗兰兹·卡夫卡博物馆
（布拉格）··········73
哥茨·金斯基宫（布拉格）······71
国家歌剧院（布拉格）······77
国家剧院（布拉格）······72
赫拉德恰尼广场（布拉格）······77
黑光剧院（布拉格）······77
华伦斯坦宫（布拉格）······73
黄金巷（布拉格）······75
火药塔（布拉格）······71
捷克国家人偶剧院（布拉格）······77
捷克克鲁姆洛夫城堡
（捷克克鲁姆洛夫）··········87
旧王宫（布拉格）······70
卡卢卢休特因城（布拉格）······85
康帕岛（布拉格）······73
科诺比修切城（布拉格）······85
克莱门特学院（布拉格）······72
老城区（布拉格）······70
老城区广场（布拉格）······70
老城区桥塔（布拉格）······72
老城区市政厅（布拉格）······70
洛克维兹宫（布拉格）······76
穆夏博物馆（布拉格）······76
派特金公园（布拉格）······73
圣尼古拉斯教堂（布拉格）······73
圣乔治教堂（布拉格）······71
圣维特大教堂（布拉格）······71
市民会馆（布拉格）······77
斯美塔那博物馆（布拉格）······77
斯特拉霍夫修道院（布拉格）······75
泰恩圣母教堂（布拉格）······80
特洛亚城（布拉格）······76
瓦茨拉夫广场（布拉格）······76
新旧犹太人教堂（布拉格）······76
犹太人地区集会场所（布拉格）······76
犹太人街区和新城区（布拉格）······76

犹太人墓地（布拉格）···········76

美食

艾堡餐厅（捷克克鲁姆洛夫）······87
贝尔维尤餐厅（布拉格）······78
桂酒厅（布拉格）······80
赫斯特奈斯·乌·卡里哈
啤酒屋（布拉格）··········79
卡瓦卢那·欧贝茨尼·道姆咖啡馆
（布拉格）··········80
卡卢卢那·斯拉维尔咖啡馆
（布拉格）··········80
康帕公园餐厅（布拉格）······78
烤高餐厅（布拉格）······80
路维·道布鲁餐厅（布拉格）······78
莫扎特咖啡馆（布拉格）······80
普鲁尼斯卡·勒斯乌拉采·乌·欧贝
茨尼姆·道姆（布拉格）······78
三只骆驼咖啡厅（布拉格）······80
乌·迈德维特库啤酒屋（布拉格）······79
乌·莫道勒·卡夫其2（布拉格）······78
乌·皮卡斯餐厅（布拉格）······79
乌·普943里库啤酒屋（布拉格）······79

购物

安道勒古玩店（布拉格）······81
宝石小姐商店（布拉格）······82
波哈多卡玩具店（布拉格）······82
菠丹妮专营店（布拉格）······82
插图画家之家（布拉格）······82
车勒特那水晶店（布拉格）······81
尔皮特商店（布拉格）······81
马乔里卡彩釉陶器店（布拉格）······82
曼菲罗工艺品店（布拉格）······82
墨瑟工艺品店（布拉格）······81

住宿

波希米亚大酒店（布拉格）······83
布拉格阿尔克朗丽笙酒店
（布拉格）··········84
布拉格阿米西斯特酒店（布拉格）84
布拉格艾莉亚酒店（布拉格）······83
布拉格安德尔斯酒店（布拉格）······84
布拉格滨海酒店（布拉格）······83
布拉格帝国艺术装饰酒店
（布拉格）··········83
布拉格宫殿酒店（布拉格）······83
布拉格河畔马梅森酒店
（布拉格）··········83
布拉格皇冠假日酒店（布拉格）······84
布拉格科л伦西亚酒店（布拉格）······84
布拉格老城中心酒店（布拉格）······84
布拉格全景酒店（布拉格）······84

布拉格四季酒店（布拉格）······83
布拉格万豪酒店（布拉格）······84
布拉格文华东方酒店（布拉格）······83
布拉格希尔顿大酒店（布拉格）······83
布拉格希尔顿老城区酒店
（布拉格）··········84
布拉格洲际酒店（布拉格）······83
霍夫迈斯特温泉酒店（布拉格）······83
凯宾斯基酒店（布拉格）······83
乐巴莱酒店（布拉格）······84
鲁泽酒店（捷克克鲁姆洛夫）······87
帕吉休酒店（布拉格）······83
外交官酒店（布拉格）······84

斯洛伐克

观光

布拉迪斯拉发城堡
（布拉迪斯拉发）··········89
德文城堡（布拉迪斯拉发）······91
旧市政厅（市历史博物馆）
（布拉迪斯拉发）··········89
米哈伊门（布拉迪斯拉发）······90
葡萄酒酿造博物馆
（布拉迪斯拉发）··········90
圣马丁教堂（布拉迪斯拉发）······90
斯洛伐克国家自然史博物馆
（布拉迪斯拉发）··········90

美食

弗兰迪斯卡（布拉迪斯拉发）······91
迈尔咖啡馆（布拉迪斯拉发）······91
斯洛伐克餐厅（布拉迪斯拉发）······91

购物

布拉迪斯拉发阿尔卡迪亚酒店
（布拉迪斯拉发）··········91
布拉迪斯拉发丽笙卡鲁酒店
（布拉迪斯拉发）··········91

匈牙利

观光

阿奎肯博物馆（布达佩斯）······102
埃斯泰尔戈姆（布达佩斯）······113
安德拉什大街（布达佩斯）······105
巴巴纪念馆（布达佩斯）······106
兵营城堡（布达佩斯）······101
布达（布达佩斯）······100
布达王宫（布达佩斯）······100
布达依维加多（布达佩斯）······106
杜纳卡尼亚（布达佩斯）······112

157

美食

多伦多独特的美食街

（市农贸易所）
黑狮酒山（市农贸易所）............101
佛萨餐厅英国（市农贸易所）......106
工艺美术大厦（市农贸易所）......104
国会议事厅（市农贸易所）..........103
居尔巴乙餐厅（市农贸易所）......102
多样特色餐厅（市农贸易所）......106
今尔什姆餐（市农贸易所）..........100
抢海楼（市农贸易所）..................102
民俗博物馆（市农贸易所）..........103
食街 （市农贸易所）...................103
三位一体广场（市农贸易所）......100
圣劳伦斯餐厅（市农贸易所）......112
多伦多市九大餐厅
银廊街（市农贸易所）..................103
搞懂美国家家里菜 （市农贸易所）...113
铁桥餐厅沙拉餐厅（市农贸易所）..104
灰头大象（市农贸易所）..............104
美食广广（市农贸易所）..............105
好美人家（市农贸易所）..............105
海上餐厅（市农贸易所）..............101
中央市场（市农贸易所）..............104

购物

回归牛顿餐厅（市农贸易所）......107
蒙特丽娜咖啡厅（市农贸易所）..109
巴黎老鹰级餐厅（市农贸易所）..108
力克辣豆咖啡（市农贸易所）......108
弥尔乳酪餐厅（市农贸易所）......107
德瑞老鹰餐厅（市农贸易所）......108
开朗老鹰厅（市农贸易所）..........109
我乐下乐餐厅（市农贸易所）......108
马莎家里餐厅（市农贸易所）......107
贝克咖啡馆（市农贸易所）..........109
福赛市餐厅（市农贸易所）..........108
初妙咖啡吧（市农贸易所）..........109
7·7咖啡店（市农贸易所）............108
贝希客咖啡厅（市农贸易所）......107
百里香料店（市农贸易所）..........109

住宿

落家艺术之春主题酒店（市农贸易所）..110
摩尔老鹰餐店（市农贸易所）......110
福伦敦工艺店街（市农贸易所）..110
于海湾工艺品店（市农贸易所）..110

德国

美食

国际军事体检博物馆（近郊）...128
相关德国家家里菜 ·菜肴精彩各点
（柏林）.....................................122
梁泰王酒吧／四 （柏林）.........122
泰菱香园门 （柏林）..............122
蒙塔利德蒙柏尔特 （柏林）......124
人菱路 （近郊）.........................129
关鉴国家酒厦，德国老名招牌全德
（柏林） 131
德国美味猎物 （德意志铁）......132
艺术家餐厅（出生人员自家猎象）..132
（德意志铁）

购物

蒙伽甘園凤厅（柏林） 132
银色光明区厅 （柏林） 124
橄榄街 （近郊路）......................127
香料区（近郊路）.......................133
各国家乐专厅 （柏林） 124
柏宾斯老家厅 （柏林） 135
瓷瓦缝器厂 （柏林）..................129
奥泰（近郊路）.........................136
初夏玉王，（近郊路）...............136
热菊韵艺术（柏林） 133
日本兰汀坞 （德意志铁）..........133

住宿

绯蓝酒店 （柏林） 126
卡斯曼酒店 （柏林） 126
KPM亨客斯屋酒家 126
家老麦酒厂酒店（柏林） 126
上海国际酒店（柏林） 126
柏特天天酒店（柏林） 126

美食

派勒·纳恩德里奇国酒店（柏林）.125
苏本上东咖啡西吧店 （德意志铁）
....125
进手大学校园酒厅 （近郊路）...136
冬蒸舞季节（德意志铁）............133
曼塔容豆豆饺 （柏林） 125
居尔分季豆豆 （柏林）..............125
维纳苑豆豆厅 （柏林） 125
大派索·李特特金厅 （近郊路）..129

购物

四国连动家族猎家餐 （柏林）..126
拒斥国家家里菜酒家餐 （近郊路）..136
（柏林） 126
福泰姆猎家西乐乐饺店 （德意志铁）
名家名里家餐饺老酒店 （柏林） .136
麦菜·卡尼特特斯酒店 （柏林）.126
茶洛五月老店 （柏林） 126

住宿

成赫德国经贸易家酒店 （近郊路）
....126
拒斥园老家族物酒店
（柏林）......................................133
柏园家酒老家酒店 （德意志铁）
....136
新利门古老乐乐店 （柏林）......133
店店门阳古家乐店
（德意志铁）.............................133